GEを最強企業に導いた人材輩出の秘密

ジャック・ウェルチ リーダーシップ4つの条件

Jack Welch and the 4E's of Leadership

ジェフリー・A・クレイムズ［著］
ジェネックスパートナーズ［監訳］
沢崎冬日［訳］

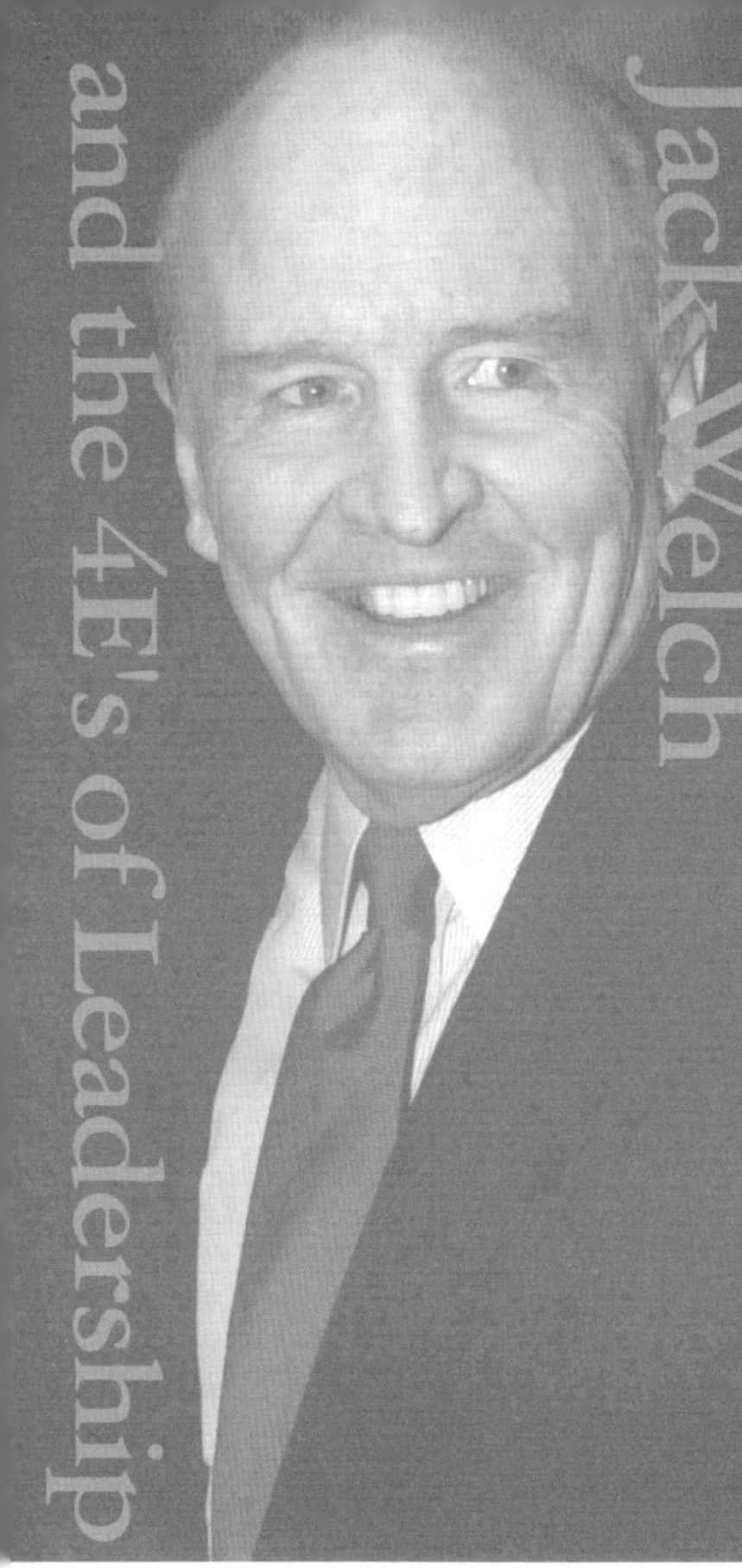

ダイヤモンド社

Jack Welch and the 4E's of Leadership

by

Jeffrey A. Krames

目次

はじめに

リーダーシップ　４つの条件……1

第2章 Energize 組織の精神に自信を植えつけろ……65

第3章 Edge 厳しい決断にもひるむな……97

第4章

Execute 場外ホームランをかっ飛ばせ

第8章 4Eリーダーの底力に賭ける

第9章 他社が守りに入った時こそ、攻勢に転じろ

はじめに

リーダーシップ4つの条件

4Eリーダーシップとは、
一つの完結したリーダー像である。
エネルギーに溢れ、明確にビジョンを示し、周囲を鼓舞し、
競争心に富み、それと同時に常に財務面での目標も満たしている、
そんなリーダーだ。

本書の目的は、次の四つである。

1●公式には「GEリーダーの4つのE」と呼ばれている、ジャック・ウェルチによる4Eリーダーシップ・モデルについて、明確かつ詳細に、その由来や発展などを説明する

本書を読めばわかるように、4Eリーダーシップというモデルは、ウェルチの一〇年以上にわたるGE会長としての経験を踏まえて発展してきたものである。

2●4Eリーダーシップ・モデルを用いて組織の生産性を向上させる具体的な方法を提示する

いくらアイデアが優れていても、きちんと実践されなければ、価値は生まれない。本書全体を貫いているのは、読者自身とその組織を高い生産性と成功に導く4Eリーダーによるベストプラクティスである。

3●代表的な識者の言葉を通じて4Eリーダーシップの解説、検証を行う

本書全体を通じて、代表的な識者による4Eリーダーシップの裏付けとなるような研究、あるいはそこから発展した理論を紹介している。

たとえば、ピーター・ドラッカーの *The Practice of Management*（『現代の経営』、ダイヤモンド社）やピーター・センゲの *The Fifth Discipline Fieldbook*（『フィールドブック 学習する組織「5つ

の能力』』、日本経済新聞社）、ジム・コリンズの*Good to Great*（『ビジョナリーカンパニー2』、日経BP出版センター）などが挙げられる。

4●4Eリーダーシップ・モデルが、次世代の優れた企業リーダーにどのような影響を与えているかを示す

第Ⅱ部では、ウェルチの薫陶を受けた五人の卒業生が、ウェルチから学んだことをどのように応用し、自らとった行動や戦略からどのような教訓を得ているかを詳細に描き出している。

ジャック・ウェルチのビジネス手法のすばらしさを賞賛する本は多いが、彼の4Eリーダーシップというモデルについて書かれた本はほとんどない。これは、経営書という分野における大きな空白地帯である。というのも、これまでの経緯を見れば明らかなように、ジャック・ウェルチは大規模な組織を成功に導くには何が必要かを熟知しており、4Eリーダーシップ・モデルは、その成功に不可欠な軸となるものだからである。

ゼネラル・エレクトリック社（GE）の指揮を執った二十余年のあいだ、ウェルチは成熟した製造企業を、製造業とサービス業の両方を備えた傑出した巨大企業へと変貌させた。彼のもとで、GEの企業価値は三〇倍以上に増大した。これほどの成果をあげるために、ウェルチはGEで最も尊重されていた伝統をいくつか否定し（たとえば数百件もの企業買収）、苦悩の末の選択に踏み切り（一〇万人以上もの人員整理）、頑固で偏狭な文化を改革した（戦略プランナーを解雇し、マネジャーが従業

員の声に耳を傾けるようにした)。

しかし、何よりも大きかったのはウェルチがリーダーを抜擢し、育てたことである(ウェルチがGEトップの座にあった期間、「フォーチュン五〇〇」企業のCEOに就任したGE出身者の数は、これまでのいかなる企業の出身者よりも多い)。かつてウェルチが「世界で最も賢明な人間は、世界で最も賢明な人々を雇う」と言ったのは有名だが、実際には、彼が求めたのは単なる賢明さをはるかに超えるものだったのである。

GEの精力的でパフォーマンスを重視する企業文化にフィットするようなリーダー向きの人材をウェルチが発見・育成するうえで役に立ったのが、4Eという考え方だった。四つのEすべてについて高い評価を得た者は、最終的に、「世界で最も競争力のある組織を構築する」というウェルチの目標を達成するうえで貢献してくれたのである。

では、そうした傑出したリーダーに共通している四つの特性とは何なのだろうか。

〈4Eリーダーの特性〉

自分自身がエネルギー(Energy)に溢れている

周囲を元気づける(Energize)

エッジ(Edge)を持っている

実行力がある(Execute)

●エネルギーに溢れている（Energy）

ウェルチは、「エネルギーに溢れている人間は、『行け行け』という積極的な態度を好む」と言っている。誰でも、こういう人物について思い浮かべることができるだろう。際限なく活力に溢れ、毎朝起きればすぐに手持ちの仕事を片づけたがるような人物だ。時速五五マイルの世界のなかにいながら、時速九五マイルで動いている人々である。

●元気づける（Energize）

元気づける人（Energizer）は、人を刺激して行動させる術を心得ている。彼らはビジョンを描き出し、そのビジョンに沿って行動するよう人々を鼓舞する。どうすれば、一つの使命や改革に人々が夢中になってくれるかを知っている。物ごとがうまくいっている時は、心から他人の功績を認め、うまくいかなくなったら躊躇せず責任を引き受ける。なぜなら、功績を分け与え、非難を受け止めることが、仲間を元気づけることだと知っているからだ。

●エッジ（Edge）

エッジを備えた人は、競争心が強い。本当に困難な決断を下す方法を知り、困難な問題が自分の行く手を阻むのを許さない。人の採用・昇進・解雇など、ピーター・ドラッカーの言う「生死をかけた」

決断を下すことを躊躇しない。

●実行力（Execute）

前出の三つのEは必要不可欠ではあるが、測定可能な結果が出なければ、組織にとってはほとんど無益である。効果的に物ごとを進めていく人は、活動そのものと生産性が同じではないと理解している。最も優れたリーダーは、エネルギーとエッジをどうやって行動と結果に転換していくかを心得ている。それが、実行を知っているということなのである。

4つのEをつながっているものと捉える

ジャック・ウェルチ本人も含め、4Eというモデルでリーダーシップがすべて言い尽くせるとは言っていない。たとえば、4Eの前提となる条件があるのは明らかだ。誠実さ、性格、職業倫理といった特性は、そもそもリーダーシップというゲームに参加するための入場料のようなものである。こうした特性がなければ、リーダー失格となるのは間違いない。たとえば、誠実さに欠けると見られているマネジャーが、たとえ世界で最もエネルギッシュな人物だったとしても、そのマネジャーは、同僚からの敬意は得られず、基準とすべき倫理的な指針も示せないだろう。

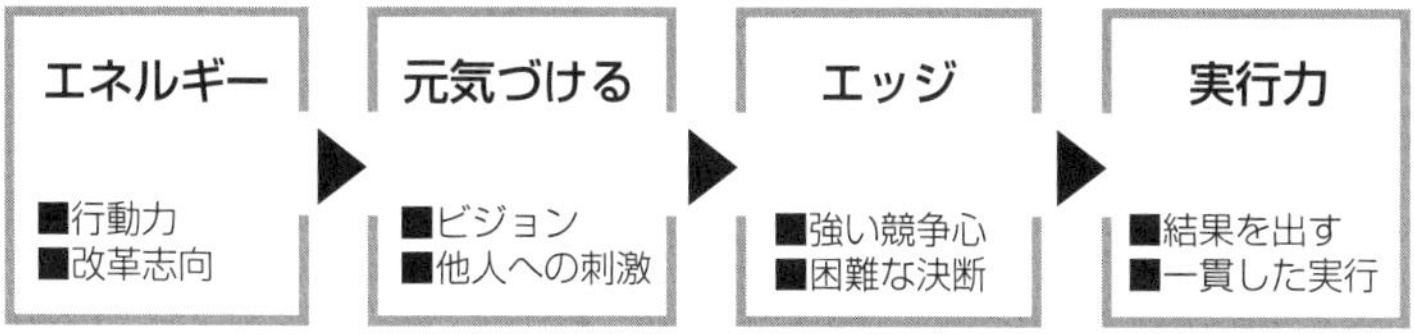

また、4Eに付随してくる特性もある。前回の大統領選挙に向けた予備選の時期に、ウェルチはウォールストリート・ジャーナル紙の特集記事のなかで、4Eモデルを使った民主党候補者たちの評価を披露した（ちなみに、ウェルチ自身は共和党支持を自認している）。候補者の採点において、ウェルチはリーダーシップの法則に、情熱という新たな要素を加えている。ウェルチは現在、リーダーシップ・モデルには情熱という要素を含めねばならないと強く感じている。最も優れたリーダーとは、何ごとかをなそうと、燃えるような情熱を持っている人物なのだ。

4Eは、誠実さと情熱のあいだに存在する。もちろん重なりあい影響しあう部分もある。したがって厳密な順番に並べることはできない。とはいえ、上図に示したように、4Eそれぞれのあいだにはなんらかの論理的なつながりがある。

すべての出発点はエネルギーだ。自らが元気のないマネジャーが、他の人を元気づけることなどできない。他人を元気づけられないマネジャーにはエッジもなく、一貫した実行という点でもおぼつかないだろう。

元気づけるとは、要するに他人を刺激することだ。これが効果的なリーダーシップの鍵であるという点には、ほぼすべての経営学者が同意している。ハーバード・ビジネススクールのジョン・コッターは、大規模で複雑な組織におけるリーダーシップには、三つのサブ（下位）プロセスがあると説明している。

リーダーは、方針を確立し、人を配置するだけでなく、士気を高め鼓舞する力を持っていなければならない。つまり、部下たちが、改革を阻む政治的・官僚的な、あるいはリソース面での大きな障害をものともせずに正しい方向に進めるよう、非常に基本的であるにもかかわらず忘れられることの多い人間的なニーズ、価値観、感情に訴えるということである。

ジャック・ウェルチが教えるリーダーシップの初歩

大規模な組織のCEOほど、複雑な職務はない。伝説的な経営学者であるドラッカーは、かつて、CEOの仕事はオペラの指揮をするのと同じくらい複雑だ、と述べた。「主役級の花形がいて、彼らにはいちいち命令できない。それから脇役とオーケストラがいる。裏方もいる。聴衆もいる。どのグループもそれぞれまったく異なっている」

そして今日、オペラの指揮者のようにすべてにわたって整然たる音を奏でることは、五〇年前に比べて非常に難しくなっている。過去一年のあいだに、「フォーチュン五〇〇」に名を連ねる主要大企業において、CEOの二五パーセントは辞任するか解任されているのである。

ジャック・ウェルチは、一九八一年にGEのCEOに就任した。偶然ではあるが、その任期は、企業社会をめぐるルールの多くが急激かつ恒久的に変化した激動の時期にあたっている。グローバリゼーション、パーソナルコンピュータ革命、マイケル・ミルケンと彼が考案したジャンク債投資、企業のリストラクチャリング……こうした要因がすべて一九八〇年代前半に一緒くたになり、ビジネスの世界を根底からひっくり返してしまったのである。

ＣＥＯに就任した当初ウェルチがやったことは、社内外の多くの人々の目には、ＧＥを救うというよりは破滅させるような行動に見えた。ウェルチはＧＥが鈍重で官僚的になってしまったと考えており、その規模の大きさが同社にとって大きな障害となっていると確信していた。彼が経営を引き継いだ時、ＧＥとその四三の「戦略的事業部門」は模範的な組織であると思われていた。しかし、ビジネススクールでＧＥが模範とされている一方で、実はすでにその組織原理が負担になっていた。ＧＥのシニア・マネジャーは依然として尊大に構えていたものの、業績には（そして株価にも）衰えが見えてきていた。

自分がやっていることで最善を尽くしているか、
（できるまで）十分に長くやっていないか、いずれかである。

こうした認識から、ウェルチは断固たる行動に打って出た。一〇〇以上もの事業を売却し、一〇万人以上の解雇に踏み切ったのである。ウェルチの指揮のもと、大きな苦痛を伴うＤＮＡレベルでのリストラクチャリングが三年続き、かつての尊大なGEの姿はほとんど目につかなくなった。

だが、これは手始めにすぎなかった。ウェルチは、このような大規模なリストラクチャリングを改革のハードウェア・フェーズと呼んだ。次の段階は、ウェルチの言うソフトウェア・フェーズである（会社の繁栄のためにはこちらのほうが重要だが、さらに大きな苦痛を伴うものだった）。この第二の改革フェーズは、社員の士気と生産性の向上に焦点を当てたものだった。これらは、今後数十年のGEの成否を決定づけるとウェルチが考えていた二つの要素である。

もちろん、多数の事業から撤退し一〇万人以上の解雇を断行することによって、社員の士気の減退という問題を持ち込んだのはウェルチ自身だったとも言える。いまやその流れを逆転させなければならない、とウェルチは理解していた。会社の根底から大きな変化を引き起こす方法を見つける必要がある。ウェルチは、社員の士気を回復させるだけでなく、彼らからはるかに高いレベルのパフォーマンスを引き出さなければならなかった。以前の水準に戻るだけでは十分ではない。かつてないほどの水準の生産性を実現しなければならなかったのだ。

この挑戦の重要な側面の一つが、GEという企業の視点を内向きから外向きへ、市場重視に転換していくことだった。そのためにウェルチがとった手段の一つが、マネジャー級の社員を大規模に入れ替えることだった。社内志向の者を放出し、市場を基準にして動こうとする者を取り込んでいったのである。やがて彼はGEのトップ・マネジャーたちをほぼ全員入れ替え、自ら選んだアウトサイド・イン（外から内へ）志向の人材を登用していった。

これは、改革を主導していく責任をこうしたマネジャーたちに移譲していったという意味だろうか――とんでもない！　GEで全面的な改革を進めていくなかで、ウェルチはもっぱら自分自身で主導権を握っていた。改革を部下任せにはしておけない、というのが彼にとっての前提だった。自分の新しいアイデアや戦略が社内に根づくとすれば、それは自分自身が改革を直接指揮する場合だけだろう、とウェルチは感じていたのである。改革を成功させるには、市場ナンバー1／ナンバー2戦略からシックスシグマ・イニシアチブに至るまで、いまではすっかり有名になったウェルチ流の取り組みのすべてに関して、ウェルチ自身が主役になる必要があった。

ウェルチがどうやってそれを実現したのか――最終的に、何十万人もの従業員から支持を勝ち得たのか、という物語には、規模の大小を問わず、あらゆる組織のマネジャーに必須の教訓が含まれている。

進化する4Eモデル

ジャック・ウェルチといえども、4Eリーダーというビジョンを突然思いついたわけではない。実際には、ウェルチは4Eリーダーに至るまでのあいだに、いくつか異なるリーダーシップ・モデルを採用していた。それぞれが、先行するモデルを改良したものである。

たとえば、CEOに就任してから数年のあいだに、ウェルチは4Eモデルの原型となるものを生み出している。その要素は、「頭脳、心、ガッツ」だった。頭脳は言うまでもなく、個人の知性と能力を指している。心は、共感と理解というソフトなスキルを意味している。ウェルチは、自分が望むオープンで率直な組織を育てていくには、こうした要素が不可欠だと感じていたのである。ガッツは、字面からもわかるように、困難な決断を下すのに必要な、高いレベルの自信を意味している。

ウェルチは、ガッツと心の双方を備えたリーダーを育てるよりも、頭脳を備えたリーダーを見つけるほうがはるかに簡単だと考えていた。ウェルチが見たところ、頭のいいマネジャーはたくさんいるが、厳しい決断を下し、率直さとオープンさを育むことができる共感的能力も備えていると言える者はそう多くはない。

ウェルチが、心とガッツという二つの特性をこれほど重視していることに驚く人もいるかもしれない。何しろ彼は、情け容赦のない頭脳明晰な企業リーダーとしての名声を獲得しているのだから（事実、ウェルチはフォーチュン誌によって「米国で最も厳しい上司」の一人に選ばれている。退任の日まで、彼はそういう仮面をかぶっていたのだ）。

だが、ウェルチの視点から見れば、彼自身の行動と「頭脳、心、ガッツ」というモデルは完全に一致していた。ウェルチの考えでは、無能な従業員を解雇し、不振に陥っている事業を売却することは、「頭脳、心、ガッツ」が大切という彼の考えに沿った行動なのである。ウェルチは勝利を愛し、自社の勝利を望む、強烈な競争心を抱いたリーダーだった。彼は適切な計画を思いつき（頭脳）、その計画に必要な厳しい決断を下し（ガッツ）、しかも人々を惹きつけていったのである（心）。

ウェルチが考える4タイプのリーダー

しかし、ウェルチにとって「頭脳、心、ガッツ」というモデルには限界があった。一九九〇年代初頭には、ウェルチは自らペンを取って「4タイプのリーダー」と呼ぶリーダー像を描きはじめる。この概念はすぐにGEのマネジャーを評価する際に用いられるようになり、ウェルチにとって有力なツールとなっていった。簡単に言えば、四つのタイプとは次のようなものである。

【タイプⅠのリーダー】

公約（財務目標その他）を守り、企業としての価値観を共有している――言うまでもなく、彼らは組織にとどまるべきである。

【タイプⅡのリーダー】

財務目標を達成できず、組織の価値観に賛同していない――ウェルチとしては、このタイプのリーダーについては人事上の決定を簡単に下せた。「クビ」の一言で終わりだ。

【タイプⅢのリーダー】

短期的な公約（売上高目標など）は守れないが、企業としての価値観に忠実である——ウェルチによれば、この種の善意のマネジャーには、もう一度チャンスを与えるべきである（つまり、もっと彼らのスキルに適した地位に配属させるべきである）。

【タイプⅣのリーダー】

公約は果たすが、価値観を共有していない——このグループの処遇が、ウェルチにとって最も難しい判断の一つだった。常に成果はあげているが、企業の価値体系を軽蔑している者にどう対処すべきなのか。

こうした分類は、リーダーシップに対する新たなタイプの評価を示している。業績と価値観という二本の糸をよりあわせたウェルチ独特の評価は、他のリーダーが見習うべき手本となった。その後、ウェルチはこの四タイプの分類をさらに簡素化して、タイプA、タイプB、タイプCというシステムにまとめた。

【タイプA】

価値観に忠実で、成果をあげる——組織全体に企業としてのビジョンを明示し、その一方で企業としてのビジネスにも配慮できる。ウェルチ率いる経営陣は、このタイプのリーダーを引き留めようと全力を尽くした。

【タイプB】

価値観に忠実だが、必ずしも成果をあげるとは限らない――ウェルチはやはり、このタイプの個人には（現在の職務か、別の任務かはともかく）成功のチャンスを与えるべきだと感じていた。

【タイプC】

価値観に忠実ではないが、成果をあげる可能性はある――最終的にウェルチは、組織としての価値観に忠実でないマネジャーは（たとえ、どれほど生産性が高くても）、解雇すべきであるという結論に達した。ウェルチによれば、長期的には、同じ台本に基づいてチーム全体が動く場合にのみ、組織は成功できるのである。

またウェルチは、多くの場合、タイプBもしくはCに該当するマネジャーをタイプAに変身させるのは困難であり、試みる価値はないという結論に達した。空回りするだけだ、と彼は言った。「タイプCのマネジャーはBクラスやCクラスの企業に押しつけてしまえばいい。彼らもそこでならうまくやれるだろう。ウチはA^{+}クラスの企業だ。ウチにはタイプAしか必要ない。欲しいと思う人材は皆来てくれる。最も優れた人材に対して気を配り、彼らの仕事に報い、昇進させ、高給を払い、多くのストックオプションを与えるべきだ」

だが、こうしたモデルもさらに洗練させる必要があった。一九九〇年代後半になると、ウェルチはまた新しいリーダーシップ概念を開発する。最終的に、ウェルチを4Eモデルに導いていく概念である。

優れたマネジャーの特性

一九九七年の夏のある日、ウェルチは腰を据えて手書きのメモを書きはじめた（当時のウェルチは、まだあまりコンピュータを使っていなかった）。

彼はそのメモを「最高のリーダーとは」と題し、まず、自分が優れたマネジャーの特性と考えるものを列挙した。

そのリストの最初に、後に4Eの三つ（エネルギー、元気づける、エッジ）となる特性が含まれていた。これが、この二年後にウェルチが明言するようになる4Eリーダーシップ・モデルの基礎となったのである。

またウェルチはこの文書において、最高のリーダーとは官僚の対極にある存在だと強く主張している。ウェルチは、リーダーに対する評価として最悪のものの一つが「官僚的」という言葉であると考えていた。官僚は安定志向であり、変化を望まない。ウェルチ流の言葉で言えばスピード感がないのだ。官僚は、予定を途中で修正しようとしたがらず、結局は仕事をダメにする。官僚とは、問題を提起するが、答えは出せない。だからこそウェルチは、あらゆる機会を捉えて、勢いを殺してしまう官僚主義を組織から排除しようとしたのである。

また、ウェルチはマネジャーという言葉からも、個人を抑圧するという意味を連想した。水準は高いとはいえ、結局は官僚である、というわけだ。だからこそ彼は、部下のマネジャーたちをリーダーと呼ぶことに決めたのである。

〈コラム〉ウェルチの大敗北

すでに述べたように、GEのCEO兼会長を長年にわたって務めたウェルチのキャリアは、常に論争に彩られていた。したがって、ウェルチが最後に仕掛けた、恐らくは最も大胆不敵な動きが、彼をめぐる最も大きな論議の的となったのも、GEに関心を持つ者にとっては特に意外ではない。

二〇〇〇年、ウェルチは彼のキャリアのなかで最も大胆な行動に打って出た。四五〇億ドルを投じたテクノロジー企業ハネウェルの買収である。ハネウェルに売却の動きがあることを知った時（ユナイテッド・テクノロジーズ社が、株式公開買い付けを行おうとしていた）、ウェルチは、ユナイテッド・テクノロジーズによる買収提案を検討していたハネウェル取締役会に対して、急遽ファックスで「手書きの」買収提案を送った。その後数か月のあいだは、ライバルの一つがつかもうとしていた買収案件をウェルチが横取りすることに成功したように見えた。だが、二〇〇一年にこの買収が破談に終わると（理由は反トラスト法違反だった）、ウェルチに批判的な人々は、ウェルチは敗残者であり、魔力を失った指導者であると決めつけようとした。

ワシントン・ポスト紙のT・R・リードは、その著書*The United States of Europe*のなかで、ウェルチのCEO兼会長としての最後の年を、彼のキャリアが死んだ年であると表現した。「ウェルチの大敗北」と題した章で、リードは次のように宣告している。「キャリアの最後にグローバル規模の失敗を犯したことで、ウェルチは晩節を汚し、かつては彼を祭り上げていた気まぐれなメディアやビジネス界から、いまや逆に批判を浴びる立場となってしまった」

リードは、少なくとも一つの点では正しい。確かに、気まぐれなメディアは、ウェルチに捨て台詞を叩きつけた。これは、米国国民がよくやる娯楽のようなものである。普通の人間を英雄や著名人に仕立て上げ、その後、弱点を見つけるや否や、叩きのめすのだ。

ウェルチが近年得てきた信じがたいほどの賞賛を考えれば、こうした展開に至る機も熟していたのだろう。ウォールストリート・ジャーナル紙でさえ、二度目の結婚の破綻に関する個人的な問題や、GE退職後の「過剰な」待遇についての報道によって、追い打ちをかけた。後にウェルチは、退職後の厚遇を廃止し、それまでに得た待遇の対価を支払うことに合意して、こうした報道に歯止めをかけた。

だが、識者たちの予言とは裏腹に、ウェルチがこれまで蓄積してきた資産（その見方はさまざまだが）は、まったく打撃を受けなかった。彼が、GEを率いた日々に関する回顧録 *Jack: Straight from the Gut*（『ジャック・ウェルチ　わが経営』、日本経済新聞社）を二〇〇一年九月一一日（米国があのテロ攻撃を受けたのと同じ日である）に発表した時、人々は大挙してこの本を買い求め、ぱっとしない書評にもかかわらず、この分厚い本は一〇〇万部近くも売れた。同書はビジネス書として最も大きな成功を収めた一冊となり、執筆に先立ってウェルチが版元のワーナーブックスから受け取った七〇〇万ドル以上の前払金も妥当なものとなった。

こうして、ウェルチが犯した脱線にもかかわらず、彼が言わんとすることに強い関心を抱く熱心なウェルチ信奉者は存在している。それでも、米国のマネジャーの多くは、ウェルチの時代は終わったと考えている。

米国の企業人の多くは、ウェルチをどこかしら墜ちた偶像のように考えているかもしれないが、アジアからの視線はまったく異なっている。アジアでは、ハネウェル買収が失敗に終わってからもずっと、二〇〇三年、二〇〇四年、そして二〇〇五年初頭も、ウェルチ関連の書籍はベストセラーに名を連ねてきた。どうやらアジアの読者は、米国におけるビジネス書の読者が陥った罠には、まったく関心がないようだった。

アジア諸国の企業人の書籍購買行動には、そうした傾向が現れていた。タイ、シンガポール、日本、インドといった国の読者は、経営者その人よりも、経営手法にはるかに強い関心を抱いていたのである。彼らが望んでいたのは自らウェルチになること、あるいは少なくとも彼のように企業を率いることであり、欧米のメディアが貪っていた取るに足らないエピソードにはほとんど関心を寄せていなかった。

こうしたアジア諸国の企業人は、ウェルチについて、米国の気まぐれなメディア関係者が理解していない重大な何かを理解していた。ウェルチがCEOとして最後の年にトラブルに陥ったということだけを取り上げるのは本筋から外れている。もっと大切なのは、彼が紛れもない成功を収めてきたという点であり、彼がビジネスにおける新たな概念と手法を生み出したという事実なのだ。彼は、大規模な組織を経営していくよりよい方法をマネジャーたちに示すロードマップをつくり上げたのである。

要するに、アジアの企業人たちは、ウェルチが何に失敗したかではなく、何に成功したかという点により大きな関心を抱いていた。第2章を読めばわかるように、弱みを基準に何かをつくり上げるよりも、強みを基準にするほうがはるかに大切である。ドラッカーは半世紀も前にこう宣言している。「頼りになるのは長所だけだ。短所を基準に何かを築こうとするのは最悪

――の誤りである」

GEにおける真のリーダーシップ・モデル

4Eは、ウェルチが考えたリーダーシップの理想を頭文字で表現したものである。「真のリーダーシップ・モデル」は、4Eを含みつつ、ウェルチが理想とするリーダー像を、従来のモデルや法則以上に詳細に表現している。この詳細なモデルは、ウェルチの考えるリーダー像を最もうまく表現する一二の特性から構成されている。これらをわかりやすく表現すると、次のようになる。

●強力なリーダーは、誠実な人格者である

最も優れたリーダーとは、最も信頼できる人物である。

●強力なリーダーは、ビジネスの能力／洞察力を持っている

彼らは、ビジネスに対する本能的な嗅覚を持っている。それが、彼らを導くガッツである。

●強力なリーダーは、グローバルに考える

ウェルチが最初に全社的に取り組んだのはグローバリゼーションだった。彼は、すべてのリーダーに対してグローバルな思考を求めた。

●強力なリーダーは、顧客中心主義である

彼らはドラッカーの教義を理解している。すなわち、ビジネスの目的を決定するのは顧客のみである。

●変化を歓迎し、官僚主義を軽蔑する

ある時、一人のマネジャーがウェルチに尋ねた。「『改革はいつ終わるのか』と部下に尋ねられたら、なんと答えればいいのでしょうか?」。本当のことを言えばいい、とウェルチは答えた。「改革は、決して終わらない」と。

●優れたリーダーは、コミュニケーション能力が高く、相手に共感できる

真のリーダーは、どのように語るかだけでなく、どのように相手の話に耳を傾けるかも知っている。相手に共感することができ(心を持ち)、部下に罵声を浴びせることはない。

●真のリーダーは、効果的なチームを構築する

最も優れたリーダーは、目標を実現する(もしくはそれ以上のことをする)には、最も優れた人々の協力が必要だと知っている。

●最も優れたリーダーは、組織の目標の実現に集中する

個人の貢献は、それが組織による目標達成に役立つ場合にのみ意味を持つ。

●最も優れたリーダーは、大きなエネルギーを持ち、他人の行動を刺激する

最も優れたリーダーは、ビジョンを明確に示し、人々がビジョンを実行できるようにする。

●強力なリーダーは、「伝染性の情熱」を持っている

組織の能力が拡大していくにつれて、「戦力強化装置」として働く。

●偉大なリーダーは、実現し、結果を出す

彼らは財務面その他の主要な目標を実現し、超越する。

●最も優れたリーダーは、自分のやることを愛している

毎朝起きると、まず当面の仕事に取り組もうとする。彼らにとって仕事は苦行ではない。彼らは、仕事を愛している。

真のリーダーシップ・モデルは、ウェルチが求めていたリーダーのタイプを詳細に描き出している。最も優れたマネジャーは、境界のないスタイルを備えている。「境界のない」とは、リーダーシップに対するオープンで率直なアプローチを表現するウェルチ独特の言葉だ。ウェルチの用法に従えば、境界のないリーダーとは、ビジネスを定義するのは顧客であることをわかっており、変化を支持し、官僚主義を嫌い、自分ならやらないことを部下に求めず、際限のない活力と能力に溢れている人物である。

彼らは、チームを構築して結果を出すやり方を心得ている。ウェルチがGEを世界で最も価値の高い企業へと変貌させるのを支えたのは、こうした種類のリーダーだった。

もちろん、この真のリーダーシップ・モデルには、4Eリーダーシップの原型を見ることができる。

いくつかの点で、このモデルで述べられている特性は4Eに内包されている。たとえば、4Eにおける「他人を元気づける人」は、たいていの場合、コミュニケーションがうまく、顧客と良好な関係を保ち、成果を出す、そういった人間だからだ。

〈コラム〉あなたは真のリーダーか?

ジャック・ウェルチは、生まれつき大規模な組織を率いるべき天性を備えていたのだ、と言う人もいる。だがウェルチ自身は、リーダーとは生まれつきの資質ではなく「つくられる」ものだと考えていた。この後の各章ではそれぞれのEについて詳細に論じ、各章の末尾に、読者が自分自身のE指数を自己評価するコーナーを設けてある。

Eを本格的に論じる前に、ウェルチの真のリーダーシップ・モデルにおける一二の特性に関して、まず自己診断を行ってみよう。ウェルチの世界では、誠実さと信頼を築く能力が必須の入場料となる。だがそれ以外の特性(グローバルに考える、効果的なチームを構築する、他人の行動を刺激する、など)は、誠実さと信頼を築く能力という最低基準がクリアされたうえで、初めて差が出てくるような特性である。

では、以下の特性のそれぞれについて五段階評価で自己採点をしてみよう。

評点5……強くそう思う。
評点4……そう思う。
評点3……自分の業務／地位にはあまり関係がない。
評点2……そうは思わない。
評点1……まったくそうは思わない。

とても誠実である……………………1 2 3 4 5
ビジネス上の嗅覚に優れている……1 2 3 4 5
グローバルな視野を持っている……1 2 3 4 5
顧客中心主義である………………1 2 3 4 5
変化をチャンスだと考えている……1 2 3 4 5
効果的なコミュニケーションができる……1 2 3 4 5
チーム構築が得意だ………………1 2 3 4 5
組織の目標達成に貢献している……1 2 3 4 5
同僚の行動を刺激している………1 2 3 4 5
人に伝わるような情熱を持っている……1 2 3 4 5
財務面での目標を常にクリアしている……1 2 3 4 5

仕事を愛している……………………1　2　3　4　5

では、点数を合計してみよう。合計点数をもとにした診断は次のようになる。

50点以上：あなたには（少なくとも自己診断においては）リーダーにふさわしい才能がある。ウェルチは、あなたをAプレーヤーと呼んでくれるだろう。

40〜49点：基本はしっかりしており、真のリーダーになる材料は揃っている。

30〜39点：改善の余地あり。ただし落ち込むことはない。この後で紹介する「4Eリーダーチェックリスト」に従って行動すれば、リーダーシップのスキルや成長度を高めることができるだろう。

20〜29点：平均点以下である。経験も、生まれつきのリーダーシップ能力も欠けている。成長を促すには、メンターにつくことを考えるべきだ。また、リーダー養成講座に参加し、いろいろな本を読んで、しかもそれを続けることだ。忍耐力も、やはりリーダーとしての重要な特性の一つなのである。

20点未満：自己評価で言えば、あなたはウェルチの言う下位一〇パーセントに入っている。誰もがリーダーにふさわしいわけではない。

その理由の一つは、リーダーシップの多くの側面は学んで身につけることができるが、人格や誠実さ、信頼といったことは教わるものではないからである（少なくとも、すでに大人である場合には）。

4Eリーダー　チェックリスト

□アウトサイド・イン（外から内へ）の視点を培う

会社や製品・サービスについてアウトサイド・インで見つめるために、顧客のつもりで自社のショールームを訪れてみよう。どこでもいいから、自社が参入している市場に出かけていこう。一貫して顧客の立場で考えることによって、自社の事業を顧客の視点から見つめる機会が得られる。これは、急速に変化する今日の市場においては非常に重要な利点となる。

□官僚主義に闘いを挑む

これは最優先課題である（ウェルチは就任当初からGEの官僚主義に狙いを定めていた）。必要性に乏しい書式や承認は廃止しよう。部門横断型のチームをつくって、縦割り構造を廃止する。地位や勤務地にかかわらず、社内の誰に対しても、あなたに電子メールを送ることを奨励し、壁を打ち破ろう。かけ声だけではなく、実際にそうするのだ。シニア・マネジャーと、業務の大半を担っている一般の従業員とを隔てる境界を取り払うことは、官僚主義打破の一環なのである。

□情熱的なリーダーを登用する

情熱を装うことはできない。自分がやることに情熱を傾けている、活気ある人間を採用・昇進させるようにしよう。これは、後になって大きな見返りをもたらすことになるはずだ。

□組織をもっと顧客志向にする新たな方法を見つける

これは、ウェルチの真のリーダーシップ・モデルにおける重要な要素である。4Eリーダーは、何が価値なのかを決め、自社のビジネスにとって将来の鍵を握っているのは顧客であることを理解している。

もっと顧客とともに過ごす時間を確保し、同僚にも同じことを要求しよう。

□組織の価値観に忠実な従業員に成功のチャンスを与えるようにする（少なくとも、これ以上チャンスを与えても効果が出ないと思われる時点までは）

誠実な人格者で、会社の規則を尊重している従業員は、将来会社を支えてくれる可能性がある。だが、考え方を変えようとしない者を改宗させようと無駄骨を折ってはならない。

□トップ幹部の評価や新規採用者の研修の際には、ウェルチの真のリーダーシップ・モデルの12項目を活用する

次回の業績評価の際には、真のリーダーシップ・モデルの12項目を基準に部下を評価してみよう。各項目を用紙に書き留め、それぞれの特性について部下の点数をつける。これは、従業員を評価する際の差別化ツールとして使える（差別化については、第3章を参照のこと）。

第I部

リーダーを輩出し、最強企業へと導いた4つのE

本書の第I部は、各章でリーダーシップにおける四つのEを一つずつ取り上げている。かつてドラッカーは、マネジャーにとって第一の（そして最も複雑な）仕事とは、マネジャーの管理（マネジメント）であると宣言した。後に彼はこれをさらに深めて、「マネジャー」という言葉を、広く「知識労働者」全般（何らかの学歴が必要とされる職務を行う人）を含むものと定義した。

以下の四章をまとめるうえでの最大の目標は（同時に、最大の挑戦でもあるのだが）、四つのEそれぞれを提示する一方で、同時に、パフォーマンス重視の学習する組織を生み出しながら効果的にマネジャーを管理するには何が必要かを体系的に示し、それによってバラバラのものをつなぎ合わせることだった。

さらに、バラバラのものを正しい順番でつなぎ合わせることが、この第I部の重要な課題である。というのも、どんな組織であれ、それを管理し変革していくためには、実現しなければならない任務やイニシアチブの論理的な展開過程があるからだ。

一例として、「エネルギー」を取り上げた第1章を見てみよう。第1章では、「エネルギー」というコンセプトをさまざまな視点から検証している。もちろん身体的なエネルギーもあるが、企業などの社会的な団体においては、個人を超越したレベルでのエネルギーもある。ある企業の組織としてのエネルギーは、その構造やプロセス、企業文化、行動規範など、さまざまな要因によって左右される。

ウェルチは長年にわたって、GEのエネルギーと生産性を阻害するものをすべて排除し、その一方で、エネルギーを刺激しパフォーマンスを改善するようなイニシアチブを追加するため、熱心に改革を進めた。次の簡単なフローチャートは、第1章に含まれる節の標題をいくつか選んで、ウェルチのGEにおけるリーダーシップ改革がどのように進んでいったかを示したものである。

計画的な撤退がエネルギーを解放する
↓
現場の社員を巻き込むことでエネルギーが生まれる
↓
改革のイニシアチブでエネルギーを集中させる
↓
学習のためのインフラストラクチャーがエネルギーを生み出す

ウェルチが成功を収めたのは、秘密の方程式をいくつか知っていたからでもなければ、すぐさま結果の出る特効薬を持っていたからでもなく、適切なものを求めたからなのだ。そのことが、彼にとっての成功のチャンスを大きく拡大したのである。第I部では、こうした取り組みに光を当てつつ、他の経営理論家の声を紹介しながら、結果重視の組織文化の創出について具体的な提言を示す。

第1章

Energy
仕事を成し遂げる情熱を持て

ウェルチにとって理想的なリーダーとは、無限とも思えるエネルギーを持ち、強い行動欲を備えた人物である。彼らは変化を歓迎し、ゲームのスリルを愛している。

まずは、エネルギーである。リーダーたる者、知性や意思決定能力など、他の長所も備えていなければならないが、優れたアイデアを測定可能な成果へと変貌させていくのはエネルギーなのである。

厳密に定義すれば、エネルギーとは電気的、機械的、その他何であれ、力の源泉である。しかし本書において、エネルギーは単なる物理的な特性ではない。物理的なエネルギーに加えて、精神的なエネルギーもあるし、さらには感情的エネルギーとでも呼ぶべきものがある。これは、リーダーが一つの組織におけるスピリットや士気を高めるために放射する、そういう類のエネルギーである。

このエネルギーは人々のあいだに浸透し、個人の貢献を、全体として意味のあるものにつくり上げる。その意味で感情的エネルギーは、物理的なエネルギーと同じくらい、いやそれ以上に重要である。感情的エネルギーこそ、仕事を成し遂げる情熱なのである。

カリスマ性ではなく情熱

リーダーシップに関する文献では、偉大なリーダーに不可欠な特性として、いわゆるカリスマ性が挙げられる場合がある。だが、ジャック・ウェルチが、効果的なリーダーシップの一要素として情熱の大切さを語る時、そこで語られているのはカリスマ性とはまったく異なるものである。事実、カリスマ性は（本書では人を惹きつける磁力と定義する）、効果的なリーダーシップとはほとんど関係がない。ドラッカーはこの点を多くの著作で明らかにしている。

ドラッカーの指摘によれば、ジョン・F・ケネディは近代の歴史では最もカリスマ性のある大統領の一人だったが、非常に大きな成果をあげたわけではない。逆にドラッカーは、ドワイト・D・アイゼンハワーとハリー・トルーマンについて、カリスマ性という点では、十人並みであったにもかかわらず、きわめて有能なリーダーであったと評している。

ウェルチに言わせれば、情熱があるというのは「声が大きいとか、言動が派手だという意味ではない。それは、内面からにじみ出てくるもの」である。だが、ある人の内側に情熱の源泉があるとしても、職場がその人の情熱を支えたり萎えさせたりする可能性はある。ウェルチは、最も優れた組織とは、人の情熱を刺激し育むものだと主張している。

では、どのような企業が情熱を育むのかというと、本音で話し、率直なコミュニケーションがなされ、独裁的な振る舞いや縄張り争い、その他効果的なコミュニケーションを阻害するような行動を排除する企業である。

情熱とは「燃料」である。したがって、間違った用途に使われる場合もある。適切な指示がなければ、部下は間違ったことに情熱を注ぎかねない。たとえば、功績を独占しようとしたり、組織の目標よりも自分の個人的な目標を優先したり、縄張りを築くことなどである。こうした行動もやはり、オープンで率直な組織に逆行し、ぶち壊しにしてしまう。

組織をシンプルに

高いエネルギーを持つ人材を集めるのは、初めの一歩にすぎない。組織づくりの用意ができただけである。次にもっと大きな仕事が待っている。エネルギーを結果に変える組織をつくるということだ。GEのトップに就任してまもない頃、ウェルチは社内の組織図を簡素化するという目標を立てた。なぜだろうか。ウェルチが一九八〇年代初頭にGEの構造を調べたところ、そこにあったのは複雑で収拾のつかなくなった組織だった。経営上の階層も、肩書きも、何もかもが多すぎた。彼の目には、この構造はむちゃくちゃに思えた——マネジャーが二万五〇〇〇人、バイス・プレジデントが一三〇人以上、戦略プランナーの数ときたら、どんな企業でもこれほどは必要ないと思えるほどだった。

多くの同僚に驚きを与えたスピードと決意をもって、ウェルチは社内の階層を減らしていった。戦略プランナーを解雇し、各事業部門の方針を決める責任を、その部門を率いる者の手に戻していった。

後にウェルチは、いまや伝説ともなったワークアウト・イニシアチブを開始した。狙いは、社員全体から優れたアイデアを吸い上げることである（もちろん、経営陣がそうしたアイデアを採用することを義務づけるものでもある）。ウェルチはどんな場合でも三つの主要目標を念頭に置いていた。組織の生産性を上げる、社内の隅々までもっと高いレベルの自信を浸透させる、官僚主義を締め出す、という三つである。

すでに官僚主義については触れたが、ここでもう一度取り上げるのは、官僚主義のせいで組織のエネルギーが大幅に無駄遣いされているとウェルチが考えていたからである。官僚主義は情熱を殺し、(ドラッカーが指摘したように)直面している重要な業務に注ぐべきエネルギーを奪ってしまう。「幹部が昇進していけばいくほど、自分の意のままにならず、しかも何の貢献にもならない時間の比率は増えていく。また、組織が大きくなればなるほど、組織を機能させ何かを生産するためではなく、組織を取りまとめ運営していくためだけの時間がたくさん必要になってくる」

ドラッカーがここで指摘しているのは、経営上の落とし穴の一つである。多くの企業では、シニア・マネジャーの時間のほとんどが、単に組織を予定どおり動かしていくためだけに費やされている。もちろん、本来はその正反対であるべきだ。複雑な組織のなかで昇進すればするほど、物ごとに対する新たな視点を見つけるための時間が増えていくべきなのだ。だが、非常に官僚的な組織におけるシニア・マネジャーたちは、トラブルの解消や、単に組織を動き出させるためだけに多くの時間を費やしている。その分だけ、情熱と生産性は犠牲になっている。

ドラッカーの熱心な読者だったウェルチは、このことを直観的に認識していた。彼は「GEを世界で最も生産性の高い組織にする」という決意にこだわり、在庫回転率など、主要な生産性指標に関心を注いだ。すでに述べたように、この方針に基づいて最初に行われたのが社内の官僚主義の撤廃と組織構造の簡素化だった。だが、こうした措置だけでは不十分だろうと、ウェルチはわかっていた。従業員とマネジャーが、新しいアイデアに触れられるようにしなければならない――そして、新しいアイデアに没頭するチャンスを十分に与えなければならない。

そこでウェルチは、他の面では大胆な予算削減を進める一方で、ニューヨーク市の北、ハドソン川に面したGEの経営研究所クロトンビルに重点的な投資を行った。

クロトンビルは、ウェルチの組織改革における事実上の中枢となった。社内の最も優秀な人材は、クロトンビルを訪れて自分の知的能力を拡大し、充電することができた。フォーチュン誌はクロトンビルを「ハドソン川に面したハーバード大学」と呼んだ。

ウェルチは、クロトンビルがあらゆる改革イニシアチブを通じてGEを一つの会社としてつなげる接着剤的な役割を果たすと考えていた。ウェルチによれば、クロトンビルは、キャンパスを行き交う何十万人ものGEのリーダーたちにとって、経験や野心、そしてしばしば挫折を分かち合う場として機能していたという。

ウェルチ自身もそうしたリーダーたちの一人であったことは確かだ。彼はクロトンビルでのマネジャーたちとの交流を好んでいたし（それは彼のエネルギー源になった）、クロトンビルでの議論から貴重なアイデアを得てもいた。事実ウェルチは、有名な市場ナンバー1／ナンバー2戦略を練り上げるうえで、自分が参加していた経営戦略講座が大いに役立ったと述べている。

クロトンビルでの経験を糧にした上級幹部は他にもたくさんいる。その一人、ロバート・ナーデリ（元GEエアクラフトエンジンズCEO、現ホームデポCEO）は、二〇〇五年初頭にこう回想している。「GEでは、さまざまな事業、さまざまな市場について学ぶ機会を非常にたくさん与えられた。

またＧＥという会社は、クロトンビルでの研修プログラムやリーダーシップ・フォーラムを通じて、私や他のリーダーたちに大きな投資をしてくれた」

計画的な撤退がエネルギーを解放する

組織のエネルギーが無駄遣いされたり、不適切な方向に逸らされてしまわないようにする方法の一つは、何かを「やめる」ことだ。具体的には、もはや会社に付加価値をもたらさなくなった業務、プロセス、製品から手を引くことである。ドラッカーは、計画的撤退というコンセプトを世に広めた。組織の簡素化と同じく、これがエネルギーを解放し生産性を向上させるうえで重要な役割を演じている。

ウェルチは、ドラッカー本人から「計画的撤退」を学んでいる。ウェルチがＧＥのＣＥＯに就任する前の週、彼はカリフォルニア州クレアモントのドラッカー邸を訪れた。この時、ウェルチとドラッカーの二人（新人ＣＥＯと経営理論の大家）は、ＧＥのＣＥＯとしてのウェルチの「最初の一手」について論じ合った。

ドラッカーは、ＧＥが一九七〇年代の大半を通じて事業見直しの時期に入っていたと主張した。いまこそＧＥは攻勢に転じるべき時だ、と彼は言った。ドラッカーとウェルチの意見は一致した――Ｇ

Eは、ドラッカーが提唱するように、基準に合わない事業から撤退すべきなのだ。

もし、まだその事業・市場に参入していないとして、いま持っている知識から考えて、これから参入しようと思うだろうか？

この問いに対してウェルチは、GEの場合、多くの事業について答えはノーであるはずだと判断した。そして彼は、その判断に基づいて実際に行動した。彼はGEの小型家電部門を売却し、三年後には（RCA買収によって獲得した）家電部門を手放した。これらの事業から撤退した理由は、いずれもドラッカーの言う基準に合わないからである。

結果的に、これらの事業からの撤退はGEの未来にとって必要不可欠だった。この撤退によってGEのエネルギーとリソースが解放され、得意分野に集中できるようになったからである。得意分野とはすなわち、①テクノロジー事業（航空機エンジン、医療機器など）、②中核事業（GEライティングなど）、③サービス事業（GEキャピタルなど）である。

エネルギーと変化

ウェルチが用いるすべての言葉や理念のうち、変化ほど重要なものはない。ウェルチは、万物は変化すると理解していた。市場、GEの顧客、競合状況……そして、その変化の先手を打たなければならないこともわかっていた。

だからこそ、CEOに就任した瞬間から、彼の言葉と行動とが一体となって、現状維持では不十分という誤解しようのないメッセージを発信するようになったのである。一桁台の成長では不十分である、定石どおりのやり方では不十分である、旧態依然では不十分である、昨日と同じでは不十分である……。

その一方でウェルチは、部下たちに変化は脅威ではなくチャンスであると考えさせなければならなかった。こうした新たな考え方は、組織のエネルギーを強化し導くうえで役に立ち、したがって生産性と有効性を高めるはずだった。

もちろん、いずれにしても一朝一夕で済む話ではない。たいていのリーダーは、組織の文化を本格的に変えるのにどれほど時間がかかるかを過小評価している。ウェルチも例外ではなかった。彼はしょっちゅう、動きが遅すぎるといって自分自身を責めていた。彼は、いくら自分が「スピード」をめざしていても（大規模な改革をできるだけ迅速にやろうとしていても）、長い時間をかけなければ真の成功は得られないということを学んだのである。

しかし、最終的には彼は勝利を収めた。脅威としてではなく、チャンスとしての変化に集中するという彼の態度は、最終的に、彼が育みたいと考えていた種類のエネルギーを生み出した。ウェルチが組織にもたらした混乱にもかかわらず、GEの従業員は、いまや変化はよいものだと理解したのである。改革に対する認識は変化し、組織のエネルギーの源泉となった。ウェルチはCEOとしての最後の年に、いかにも誇らしげに、いまや改革は全社員の遺伝子に入ったと書いている。「私たちは、毎日『改革』を体感している。いまこそ、ゲームを変化させる時なのだ」

では、大規模な改革努力を行っている最中に、リーダーが組織のエネルギーを増大させるには、どうすればいいのだろうか。4Eリーダーは、次のような大切な手順に従う。

◉——改革に取り組む7つのステップ

ステップ1●新たな契約ルールを説明する

労を惜しまず、何を実現しようとしているのかを正確に説明しよう。ウェルチはCEO就任直後のスピーチのなかで、「すべての事業がそれぞれの市場でナンバー1となるような企業をつくり上げることが自分の目標だ」と説明している。これによって、従業員は、市場ナンバー1である事業しか継続するつもりはない、ということを明確に告げられたのである。

ステップ2●正面から改革に取り組む

ウェルチは、改革のオーナーシップを握り、改革に対する注意を喚起し、社内共通の価値観に織り込んでいくことによって、改革に取り組んでいった。「改革は継続的なものであり、聖域は一つもない。改革は、例外としてではなく、原則として受け止められている」。ウェルチが経営する企業において、改革は一貫したテーマだった。フットボールの伝説的なコーチ、ビンス・ロンバルディはかつて、「勝利は一時的なものではない」と言ったが、ウェルチは改革についてまったく同じように感じていた――そして、偶然ではないが、勝利についても彼の考えは同じだった。

ステップ3●ゴールラインを明確に描き出す

従業員とマネジャーが将来について同じビジョンを共有できるようにする。成果を評価する際の基準をはっきりと説明し、人々が成功に向けて正しい方向に進み、成功した時にはそれを認識できるようにしておく。なぜ、ウェルチが経営する企業は年二桁ペースの成長や在庫回転率の向上などを実現できたのか。本質的な成功要因の一つは、GE社内のリーダーや従業員たちが、(はっきりと示された) 同一の楽譜を読むようにウェルチが仕向けたことなのである。

ステップ4●率直さが常にいちばん重要である

率直さ、オープンさ、信頼、境界のなさ——ウェルチが理想とする組織を表現する際の合い言葉である。ウェルチは不愉快な個人的体験を通じて、こうした性質が欠けている組織はエネルギーを無駄遣いしていると知っていた。また、その正反対が真実であるとも考えていた。また彼は、部下たちがトップの言動を真似することも知っていたので、言行一致を心がけていた。

ステップ5●過剰なほどのコミュニケーションを

前記と同じ考え方から、ウェルチは自分の戦略やイニシアチブについては自分自身が旗振り役となった。グローバリゼーションやシックスシグマなど、重要なイニシアチブを実施する場合には、当面の方針を頻繁に繰り返し口にし、（彼自身の後の回想によれば）自分の言葉にウンザリしてしまうほどだった。だが、そうした明確さがエネルギーとなり、生産性向上につながるのであれば、そんな犠牲は些細なものだとウェルチは感じていたのである。

ステップ6●変化がもたらすチャンスを活用する

変化は、多くの場合ポジティブなものである。ウェルチのもとで、GEは一二〇〇件を超える企業買収を行った。いやはや、驚くべき数である。こうした変化によって、GEの事業部門リーダーたちは、買収によって自分が担当する事業を成長させるチャンスを得ることになった。ウェルチ在任中の

GEの成長の多くは、こうした買収を刺激とするものだった。

ステップ7●変化は終わらない、と繰り返す

改革、動揺、混乱はいつ終わるのか──「終わらない。まだ始まったばかりなのだ」とウェルチは言う。ポイントは、改革を終わらせることではない。改革についての考え方を変えることである。ある重要な変数が変化すれば、改革の力は何倍にも大きくなる可能性がある。この現実を理解していた幹部の一人が、ロバート・ナーデリだ。ホームデポのCEOに就任して最初の数か月、ナーデリの行動は厳しく批判された。ホームデポという巨大な小売企業を率いるにはナーデリは不適格だと考える者もいた。何しろ、彼は小売業界での経験がまったくないのだから、と。

ナーデリは、会社の内外を問わず、変化は人々の心に恐怖をもたらすものだと理解していた。

GEであろうと、ラリー・ボシディが率いるハネウェルだろうと、あるいはもちろん私のケースであろうと、どんな変化においても恐らく不安のレベルは高くなっていた。ある産業から別の産業へ、重工業から別の産業へという劇的な変化だからだ。不安の一部は、変化が生じるスピードそのものがもたらした結果だった。

ここでもやはり、成功と失敗の違いを生む重要なポイントは、多くの場合、リーダーが変化にどう

取り組むかという点である。自ら変化を歓迎し、同様に自分の直属の部下や同僚たちに浸透させるようなリーダーが、最も安定して成功を収められるリーダーなのである。

現場の社員を巻き込むことでエネルギーが生まれる

またウェルチは、部下たちを本当に刺激し積極的に仕事に取り組ませるには、新しいアイデアを提供できるような仕組みを彼らに与えなければならないことを学んだ。ベストセラー『ビジョナリーカンパニー2』の著者ジム・コリンズは、二〇人からなる研究チームを率いて、偉大な企業の構成要素を突き止めようと一万五〇〇〇時間以上に及ぶ調査を行った結果、ウェルチと同じ結論に至った。「優れた企業を偉大な企業へと変えていくうえで第一に求められるのは、社員が自分の意見を聞いてもらう機会をたくさん与えられるような、ひいては『真実』に耳が傾けられるような、そうした企業文化を生み出すことである」

こうした言葉が書かれる一〇年以上も前に、ウェルチはワークアウトと呼ばれる画期的なイニシアチブをつくり上げ、GEの企業文化を決定的に変えてしまった。ワークアウトとは、自分が思っていることを口に出せるような討論の場を従業員に与えるためにウェルチが始めた、タウンミーティング（小さな町で、住民が一堂に集まり物ごとを決める会議）のような会合である。通常のワークアウト会議では（馴染みやすいように、ウェルチはこれを最初は自発的参加によるプログラムとしていた）、うまく討論を進めていくためのポイントが二つあった。

1．事業を改善するために何が必要なのかを上司に面と向かってズバリと言えるくらい、参加者が大胆でなければならない

2．上司は、その場でイエスかノーときっぱり答えられなければならない（ごく稀な例外では、「〜までに、もっと情報を集めて君に答えよう」という場合もあった）

ワークアウトでは、職場の上下関係が逆転してしまった。それはなぜかと言えば、ワークアウトは、指揮系統の末端にいる部下たちが、業務の改善に向けて上司に何かを言う場だったからだ。それ以前は、自分の思っていることを口にできる場を持っていた社員はほとんどいなかった。だからこそワークアウトは独創性に富んだ仕組みだったのだし、その後多くの成果をあげる有効な下準備となったのである。

またウェルチは、エネルギーが個人の枠内にとどまるものではないと理解していた。組織の目標を達成するために個人のエネルギーを育み制御するのは組織の任務である。組織の官僚主義や煩雑な手続きのせいで、活力に溢れる個人がいつも苛立っているとしたら、活力に溢れる個人がいても無意味ではないか。

ウェルチはこのことに早くから気づいており、さまざまな方法を通じて、迷宮のごときGEの官僚主義に狙いを定めた。彼の最終的な目標は、官僚主義から解放され、アイデアが自由に湧出するような組織をつくることだった。その後彼は、リーダーシップに関する自分の理想を、境界のない組織という言葉で表現するようになる。

「境界のなさ（Boundarylessness）」という言葉には、どこかしらぎこちない響きがあるが、これはウェルチが、官僚主義や縄張り争いから脱却したオープンで率直な組織を表現するために考えた造語である。この言葉は、ウェルチについて最もよく連想される言葉となった。境界のない企業では情報が自由に流れている。率直さを阻害し、アイデアの流れや生産的なミーティングの邪魔をするような要素は、何であっても対処しなければならない。

他の経営理論家もウェルチの考えに賛同しており、彼のワークアウト・イニシアチブや境界のなさというコンセプトを支持している。再びコリンズの言葉を引用しよう。「優れた企業を偉大な企業へと導くというのは、『自分はまだ答えを出せるほど十分に理解していない』という事実を認識し、可能なかぎり最も優れた洞察につながるような質問を投げかけるだけの謙虚さを持つということだ」。コリンズは、ワークアウトについて具体的に触れているわけではないが、彼の言葉は、ワークアウトの精神をみごとに捉えている。

またコリンズは、ウェルチの「現実を直視」せよという言葉に賛同している。これは、ウェルチによるビジネスの第一法則といってもよいだろう。コリンズはこう表現している。「リーダーシップとは、真実に耳を傾け、厳しい現実に正面から向き合うような環境をつくり出すことだ」率直さと厳しい現実のないところに、そもそも境界のなさなど成立しないのである。

〈コラム〉エネルギーと情熱によって飛躍する

常にエネルギーと情熱を示し続けたビジネスリーダーの一人が、サウスウェスト航空の挑戦的な創業者、ハーブ・ケレハーである。規模にまさるライバルたちが数十億ドル単位の赤字を積み上げていた頃、ケレハーは毎年のように着実な成長と利益を実現し続け、その顧客サービスは業界規模での表彰を何度も受けていた。その秘訣はどこにあったのだろう。

ウェルチと同様、ケレハーも企業経営の鉄則を書き換えた。特に彼は情熱を基準に人を採用し、それによって、ポジティブな態度と優れたユーモア感覚で知られる独特のサービス組織をつくり上げたのである。「自分がやっていることに熱中していないとすれば、あなたは、そしてあなたと一緒に働いている人たちは、なぜその仕事をやっているのか」とケレハーは言う。「それでは、彼らの気持ちや心を燃え上がらせ、仕事のうえで貢献させることはできない」

情熱を基準とする採用だけでなく、ケレハーは、組織は、そのメンバーが、仕事において自己実現できるようにするべきだと主張し、さらに踏み込んで、企業は「社員が達成した成果を祝福すべきである。頻繁に、しかも自然に」と書いている。

サウスウェストは、従業員にとって記念すべきできごと（結婚や出産、その他幸福なできごとなど）を祝福し、また従業員が経験した死や災害についても、それを共有することで有名である。こんな話は、他の大企業ではまず聞いたことがない。

ポイントはどこにあるのか。ケレハーの行動は、組織のエネルギーを増大させている。ケレハーは形式張らない会話を重視しており、部下のマネジャーたちに、頭を使うだけでなく心からの言葉を口にするよう呼びかけている。彼は、大事なのは肩書きではなく、リーダーシップの資質なのだと強調している。ケレハーは、組織にとって最も重要な二つの構成要素は、従業員と顧客であり、しかも順番もこのとおりだと堅く信じている。「従業員こそ、最初の顧客なのだ」とケレハーは言う。企業が従業員の参加を促し、やる気を出させることに成功すれば、彼らはより辛抱強く、お互いに、また自分たち以外の構成要素に対して感情移入するようになる。

引用出典：ジェフリー・クレイムズ *What the Best CEOs Know*（p.189〜191）

改革のイニシアチブで、エネルギーを集中させる

　GEの規模の大きさ（従業員数三〇万人以上）と、その傘下に含まれる膨大な数の事業を考えれば、ウェルチの行き着く先は、人々があらゆる方向に向かって自分のことだけをやるような企業であったかもしれない。こうした事態を避けるために（そして全員が同じ楽譜を見て演奏するように）、ウェルチは（彼の言葉を借りれば）自社のオペレーティング・システムを強化していった。

　オペレーティング・システムという言葉の響きはやや平凡だが、実際には、GEが知識・知性の全社的な共有を進めていく具体的なプロセスを意味する言葉である。ウェルチはこう説明している。

「それは年間を通じた一連の充実した学習セッションで、各事業部門の最高責任者、役割モデル、イニシアチブの推進者が顔を揃え、知的資本を共有する場である」

　GE社内での知識共有の仕組みは、主として二つあった。すなわち、定期的なミーティングや業績評価、それからワークアウトやシックスシグマなどもっと全社的に広範囲にわたるイニシアチブである。

　定期的に開かれているミーティングの一つに、ウェルチが毎年シニア・マネジャーを集めて行う、フロリダ州ボカ・ラトンでのミーティングがあった。シックスシグマなど、大がかりな全社規模の取り組みをウェルチが発表するのは、通常、GEのトップ・マネジャー六〇〇人が顔を揃えるこのイベ

ントだった。このほかの定期的なミーティングとしては、セッションC（GEのシニア・マネジャー全員が評価を受ける）や、クロトンビルでの経営研修があった。またどのミーティングも、一つないし複数の全社的なイニシアチブの勢いを維持するために活用された。

オペレーティング・システムの中核には、GEに共通する価値観がある。新しいアイデアに対して開かれていること、官僚主義を軽蔑すること、顧客主導であること、簡潔さと境界のなさをめざすこと——こうした価値観はすべて、GEという企業とその社員を定義するうえで役に立った。もう一つ、オペレーティング・システムの目標として表明されていたのが、GEのマネジャーや従業員から生まれてくる奔流のごときアイデアや情報を整理し、集中させることだった。

ウェルチによる大規模な改革イニシアチブは、GEをより集中力・競争力のある企業に変えていくうえで重要な役割を果たした。彼の指揮のもとで、GEはワークアウト、シックスシグマ、デジタイゼーション（デジタル化）など、五つの大規模なイニシアチブを開始した。いずれも、通常は一〇万人単位の従業員が関係する複雑で入り組んだプログラムである。たとえば、シックスシグマを実施するにあたっては、数千人のマネジャーが異動となり、ブラックベルトやマスター・ブラックベルトとして新たな役割を引き受け、自発的に数百時間にも及ぶ新たな研修を受けた。

またウェルチは、好循環にも可能性を見出した。ミーティング、業績評価、毎年のイベント——すべては、マネジャーや従業員による貢献を促進することによって、企業のパフォーマンスを改善していくという趣旨である。理屈から言えば、こうしたミーティングや業績評価の品質を改善すれば、パフォーマンスの改善も後からついてくるはずだ、とウェルチは推測した。

また、GEが気まぐれにミーティングや研修を行っていたわけではないという点は強調しておくべきだろう。実際には、年単位のスケジュールでミーティングや業績評価を行っていた。

『フィールドブック　学習する組織「5つの能力」』に寄稿しているスーザン・フランクは、組織のビジョンと現実について語り合うミーティングを頻繁に行うことの重要性を次のように書いている。

「最初は非常に簡単なことのように思える。［中略］だが、個人として習得するにはたくさんの練習が必要だ。研修プログラムの全参加者のうち、職場に戻って、研修で学んだ洞察やスキルを絶えず応用するのは、せいぜい一〇パーセントから一五パーセントしかいない。たいていは、気力を失ってしまう。ストレスに満ちた状況では、新しいスキルを身につけて応用するだけのエネルギーを生み出すことができない。だから、習慣となっている従来のやり方に逆戻りしてしまうのだ」

学習のためのインフラストラクチャーがエネルギーを生み出す

もちろん、ウェルチのオペレーティング・システムやイニシアチブは、それ自体が目的なのではなく、ある一つの目的に向けた手段である。ウェルチの最終的な目標は、GE社内に「学習する企業文化」を生み出すことだった。『フィールドブック　学習する組織「5つの能力」』の主著者で、組織的学習に関する先駆者であるピーター・センゲの説明によれば、学習する組織を育てようと考えるリーダーは、組織構築のための三つの要素に集中しなければならない。センゲの主張によれば、これら三つがすべて存在しなければ、学習する組織を育てる試みは失敗に終わるという。

1●指導理念がなければ、情熱も、全体的な方向感覚・目的意識も生まれない

ウェルチは、目的意識を生み出すために、共通の価値観や公式・非公式のミーティング、クロトンビルでの研修、全社的なイニシアチブを利用した。シックスシグマやデジタイゼーションといったイニシアチブの重要性を力説する機会があれば、必ずと言っていいほど利用した。その結果、社員が経営陣の動機ややり方を計りかねて右往左往するという事態は生じなかったのである。

ウェルチは、こうした重要なポイントについては頑固だった。実際に彼は、他のどんな大企業のCEOよりも、人を血祭りに上げるという方針では徹底していた。「会社の価値観に忠実になれないならば、よそで仕事を探せ」と遠慮なく言い渡した。最初は、部下のシニア・マネジャーたちも、これを過酷すぎる方針と考えて反発した。だが、ウェルチはこうした姿勢にこだわり、彼らを説き伏せた。できないなら出ていけ、である。社員たちもすぐに、彼の命令には強制力があることを理解した。

2●理論・方法・道具がなければ、もっと深い学習のために必要な新たなスキルや能力を育てることはできない

ほとんどの従業員は、改革イニシアチブを一時的なものだと考えている。じっと堪え忍ぶべき盛大なお祭り騒ぎだ、と。これが、たいていの改革努力が失敗に終わる理由である。ウェルチはこれを直観的に悟っており、結果として、主な改革イニシアチブについては慎重かつ注意深く進めていくことになった。だからこそ、最初はシックスシグマにそれほど乗り気にはならなかったのである。彼は、シックスシグマもやはり一時的なブームにすぎないのではないかと疑っていた。それが品質改善とコスト抑制につながる正真正銘の数量的に測定可能な方法であると納得して、初めて彼は全面的にシックスシグマに取り組み、シックスシグマの狂信的な信者を自称するに至ったのである。

シックスシグマに対するウェルチのアプローチは、成功につながる改革イニシアチブをどう立ち上げるかというすばらしい手本である。第一に、最も大切な点として、ボトムアップ・イニシアチブでなければならない。シックスシグマの場合は、すべて従業員のあいだから始まった取り組みだった。一九九五年、従業員がウェルチに対し、(社内で毎年行われている調査のなかで) GE製品の品質が水準に達していないと告げた。その後ウェルチは、シックスシグマを全社的に導入する前に、毎年彼が行っているマネジャー・ミーティングでこのプログラムを取り入れてみた。そこでGEは、シックスシグマの理論とツールが、どこでもふんだんに使えることを確認したのである。

ここでのポイントは、組織として、従業員に対して、彼らの学習を支援するような体制と手段を提供することである。年に一回だけ従業員を巻き込もうとしたり、イントラネットで学習の大切さを謳うだけでは不十分である。

学習と知識の共有が会社にとって優先課題であること、経営陣が皆それを支持していることを従業員に理解してもらう必要がある。その現実的な方法はただ一つ、従業員に幅広い学習手段を提供し、学習と知識の共有を会社組織に深く浸透させることである。

3●インフラ面を刷新しなければ、刺激的なアイデアや強力なツールも信頼を獲得できない。なぜなら、社員が自分のビジョンを追求したり、ツールを応用したりする機会もリソースも得られないからである

実際に使っている言葉こそ異なるが、センゲがここで言っているのは明らかにオペレーティング・システムのことである。ウェルチは、GEのインフラ（オペレーティング・システム）が彼の改革イニシアチブを支える強固な基盤となるように、多くの重要な手を打っていった。

たとえば、ウェルチがCEOに就任する以前のGEのシニア・マネジャーたちは、クロトンビルの社内研修施設を全般的に軽視する傾向があった。クロトンビルでの研修プログラムに参加することは、言わば負けを認めたこと――いや、もっと悪く言えば、キャリアの点で挫折したマネジャーのための罰や屈辱のように思われていた。

もちろん、花形社員はクロトンビルなどには行かない。ウェルチ自身も、CEO就任以前に経営研修講座に参加したのはわずか一回きりである。そこでウェルチは、インフラ面の刷新や投資によって、この状況を全面的に変えようと決意したのである。

こうしてウェルチは、クロトンビルに大規模な投資を行うことになる。彼はコンサルタントと協力しつつ、GE共通の価値観をつくり上げた。また彼は、CECミーティング（九〇日ごとに行われる最上級クラスのマネジャーによるミーティング）、マネジャーに対する年次評価（セッションC）など、複雑なシステムに基づくミーティングを適切に行うようにした。

ウェルチは自らの言動を通じて、学習や新たなアイデアを奨励していった。彼は、自分が指揮を執るGEにおいて何よりも大切なのは、アイデアの質であって発案者の肩書きではないことを明言していた。

センゲは最後に、前述の三つの指導理念を守っている企業の数は、実際には驚くほど少ないと述べている。企業は絶好の機会をみすみす失っている。というのも、（これもセンゲの主張だが）これら三つの理念がすべて実践されていれば、インフラ面をさらに刷新していくことも非常に容易になり、また簡単に維持できるようになるからだ。また社員の側でも、経営陣の承認がなくても、リスクを積極的に引き受けるようになる。

ウェルチにとっては、この最後の点がきわめて重要だった。就任初日から、彼は従業員の足かせを取り除くことをめざしていたのである。

〈コラム〉あなたのエネルギー指数を評価しよう

あなたにはどれくらいのエネルギーがあるだろうか。ここでのエネルギーは、単なる物理的なエネルギーをはるかに超えたものであることを思い出していただきたい。精神的なエネルギーや機敏さ（状況に応じて戦略や目標を調整する能力）もあるし、感情的なエネルギーもある。パフォーマンスが優れている者のエネルギーを活かすような仕組みになっている組織もあれば、ことあるごとに従業員の邪魔をするような組織もある。以下の質問に答えて、あなたが（そしてあなたの所属する組織が）、結果的にどのような状況になっているかを見てみよう。

1. 朝起きると、いま抱えている仕事に喜んで取り組もうという気持ちになるか
2. 変化を、脅威というよりチャンスであると考えているか
3. 何か大規模な改革に取り組む時、目標について明確なイメージを描いているか
4. 姿勢や情熱を基準に社員を採用しているか
5. 複雑さや形式性を克服することをめざしているか
6. 収益性の低い製品ラインや部門を切り捨てることで計画的撤退を実践しているか
7. 社員に対して、自分の意見を表明し、新たなアイデアを見つけるような仕組みを提供しているか

8．社員が新たなアイデアを思いついた時、そのアイデアに基づいて迅速に行動できるようなシステム（つまりオペレーティング・システム）が導入されているか
9．直属の部下と有意義な対話を行い、首尾一貫した建設的なフィードバックを提供しているか
10．あなたの組織の社員は、計算されたリスクを引き受けることを奨励されているか（こうしたリスクが現実となった場合でも罰せられないか）

イエスとした質問を各1点として合計してみよう。判定は次のようになる。

8点以上：あなたは恐らくエネルギーに溢れたリーダーである。あなたも会社も、成長・成功に向けて有利なポジションにあることがわかったのだから、安心して次の"Energize"の章に進んでいただきたい。

6～7点：悪くない点数だが、なお改善すべき余地がある。

5点以下：5点以下の場合、あなたは（そしてあなたの会社は）、全面的な見直しの必要に迫られている。以下の各章を読めば、最も多くのリエンジニアリングを要する具体的な分野がわ

かるだろう。章末の「4Eリーダー　チェックリスト」を読んだうえで次の章に進み、各章の終わりに置かれたそれぞれのチェックリストテストをしっかり済ませていただきたい。

4Eリーダー　チェックリスト

□自部門で作成されるすべての書式や認可を見直し、最も時代後れなもの3つの廃止を試みる

どんな企業にも、ほとんど意味がないのに、誰もあえて見直そうとしないせいで生き残っている書式や認可があるものだ。

□研修施設の内外を問わず、研修を最大の優先課題にする

社内における最高の研修の多くは、研修施設以外の場で、非公式なミーティングや議論、評価などを通じて行われている。4Eリーダーは、どんなやり取りのなかにも学習の機会が潜んでいることを理解し、非公式なミーティングや対話を最大限利用しようと努力する。

□部門内のすべての会議や評価について見直しを行い、付加価値を生み出していないものを廃止する

そのうえで、当面の業務を行ううえで必要な具体的行動やスキルのリストをつくり、時間をかけて何が必要なのかを突き止めよう。社内に新たに導入すればパフォーマンス改善につながる可能性が高いミーティングや研修テーマもリストアップしよう。

□改革への対処についてウェルチの原則を守る

ウェルチは改革に正面から取り組み、率直さを大切にし、新たなルールを説明し、目標を明示し、改革が決して終わらないことを知らせた。ウェルチが退任する頃には、社員たちはもはや改革を恐れなくなっていた。脅威ではなく、チャンスと見るようになっていたのである。

□組織構造、オペレーティング・システムに沿って報酬体系を調整する

望ましい成果に対して報酬を与えていれば、エネルギーは確実に適切な方向に向かうようになる。全社規模のイニシアチブを成功させるには、あらゆる機会を捉えて（ミーティング、業績評価など）その重要性を強調しなければならないとウェルチはわかっていた。ウェルチは、たとえばある時期には、シニア・マネジャーの賞与の40パーセントをシックスシグマの達成度に応じて決定するようにしていた。あなたの会社のインセンティブ制度を見直し、それが想定したとおりの効果をあげるように気をつけるべきだ。もし効果が不足している場合には制度を見直し、最も貢献した者に最も大きな報酬が与えられるようにするべきである。

□全員を巻き込む

社内の全員が貢献を求められれば、その企業の全体としてのエネルギー（及び知性）はアップする。どんな組織でも、控えの選手を用意しておく余裕などない。最も声の小さい社員（いちばん意見が少ない者）のことを考え、彼らの参加を促すような追加プロジェクトを案出しよう。彼ら一人ひとりに対して、自分の言葉で「君たちのような重要な選手は、試合のあいだ、ずっとベンチを温めているべきではない」と伝えよう。

第2章

Energize
組織の精神に自信を植えつけろ

元気づける人（Energizer）は、
周囲の人を鼓舞し、行動に駆り立て、
実績をあげるよう刺激する。
縄張り争いや縦割り組織での閉鎖的経営を行わず、
誹謗中傷を許さない。

最もうまく周囲を元気づけるのは、率直で無条件の情熱を持っている人物だ。何をやる場合でも、こういう人は同僚にやる気を起こさせる。部下はこういう人物に反応し、その反応が非常に大きな効果を生み出すようになる。部下の最も優れた部分を引き出し、自信を与え、物ごとが成功した場合には部下にその功績を与える。彼らは、組織のなかに自信を生み出す。だからこそウェルチは、周囲を元気づける能力は、重要な要素だと断じたのである。

また、ウェルチはこうも言っている。「他の人を育てるという精神を持っていなければ、リーダーになる資格はない。一人できりきり舞いして周囲の全員をうんざりさせる以上に悪いことは他にない。必要なのは、肥料と水なのだ」

肥料と水というのは、結局のところ、効果的なリーダーシップを意味するウェルチ流の比喩である。4Eリーダーは、肥料を散布する庭師のように、周囲に自信を与える。だからこそウェルチの言うように、リーダーがやることのうち最も大切なのは、組織の精神に自信を植えつけることなのである。

他人を刺激して行動させるために大切なことの一つは、従業員が、やりがいがあり刺激になる仕事に取り組めるようにすることだ。ウェルチは、キャリアのごく早い時期に、個人のエネルギーを最も早く消耗させるのは、何よりもまず、退屈で単調な仕事であると見切っていた。その結果、彼は部下が成長し、学習していけるような環境の創出をめざすようになったのである。

少数の明確な目標が活気を生み出す

ウェルチは、リーダーシップとは、ビジョンを明確に示し、そのビジョンに従って他人を行動させる能力であると述べている。元気づけるという文脈において、これは何を意味しているだろうか。これはすなわち、ミクロマネジメント（細部にわたる管理）を慎み、その代わりに、少数の明確でシンプルな目標を部下に提示することである。

最も優れたリーダーによるマネジメントは、より強くではなく、より軽くである。官僚は、制度と手続きという二本の鞭で部下を叩く。対照的に、リーダーは部下を鼓舞する。ウェルチはGE入社後の数年間で、この会社には官僚が多すぎ、リーダーが少なすぎると判断した。「大企業には官僚的体質の人間が溢れている」と、彼は一九九〇年代初頭にコメントしている。「彼らは、物ごとを隠そうとする。何が基本なのかを隠し、いろいろなことを少しずつやったと主張している」

なぜ、マネジャーたちに少数の明確な目標に集中するよう指示するのか。その理由は、ウェルチが主張するもう一つの大切な命題であるシンプルさにつながってくる。複雑であれば曖昧になる。シンプルであれば、物ごとの核心にズバリと切り込める。ウェルチは、自信に満ちて、簡潔な言葉を使い、簡潔なプレゼンテーションをする人物を高く評価していた。

組織的な戦略も、シンプルなものであるべきだ。ウェルチの側近であるロバート・ナーデリは、二〇〇〇年に小売企業大手ホームデポのトップの座に就くまで、多年にわたりGEでウェルチとともに仕事をしてきた。二〇〇五年初頭、ナーデリは、ホームデポの戦略をシンプルかつ明確に語ることの重要性について、次のように述べている。

ホームデポに関する戦略を語るには、一ページあれば十分だ。基本的に、私たちの中心的な目標は、私たちが触れるすべてのものを改善することだ。その中心的目標の下に、中核事業の強化と、事業の拡張、市場の拡大について語った戦略が書かれている。以上三つは、いわば御影石に明確に刻み込まれているかのように、時間が経っても変化しない。この三つのイニシアチブは、今後数十年にわたって、うまく私たちの役に立ってくれるだろう。

シンプルさのもう一つの側面は、タイミングであるとウェルチは考えていた。物ごとをいつ何時でもハーバード式の厳しさで進める必要はない。従業員を、多くの複雑なプログラムで責め立てる必要はないし、そうしたプログラムをハイピッチで続けざまに与える必要もない。その代わりにウェルチは、数年おきに、大きなイニシアチブを一つずつ導入していったのである。

たとえば一九九六年、ウェルチはその後五年間を費やすことになるイニシアチブを開始した。それがシックスシグマである。この改革の先頭に立つ人材を探したところ、前代未聞の数のマネジャーがウェルチの呼びかけに応じた。これによってGEにおけるシックスシグマは、他の企業が行ったいかなる取り組みにもまさる、最大規模の全社的イニシアチブになったのである。

シックスシグマがGEの発明になるものではないことを最初に認めたのはウェルチ自身である（実際には、米国でこの取り組みの先陣を切ったのは、エレクトロニクス・メーカーのモトローラである）。だが、史上空前の規模と範囲によるシックスシグマを生み出したのは、やはりウェルチとGEの功績だと言えるだろう。またウェルチは、最初はシックスシグマの潜在的な利点を理解しておらず、むしろ経営における単なる新流行で、スローガンは派手だが実質は伴わないものと結論づけていたということをあっさり認めている。

だが、友人であり、元GE副会長でもあったラリー・ボシディが、シックスシグマは現実的なものであることをウェルチに説明し、説得した。ボシディはウェルチに対し、彼とGEが思い切ってシックスシグマを採用すれば、品質に関する本を書けるようになるだろうと約束した。ウェルチは、挑戦を前に尻込みするような人間ではなかった。それに、彼自身の部下である従業員たちが、GEの品質水準は耐えがたいほど低いと進言していた。そこで例によって、彼は断固としてシックスシグマに飛び込んでみたのである。

まずウェルチは、一月にボカ・ラトンで行われるマネジャー・ミーティングで、シックスシグマ・イニシアチブを開始した。その後、このプログラムが展開されていくなかで、ウェルチはあらゆる機会を捉えて、このプログラムの要点を徹底的に強調した。株主に送る毎年の書簡のなかでも、社内に対するスピーチのなかでも、またマネジャーに対する手書きのメモでも、彼は絶えずシックスシグマの考え方を繰り返し、これが彼にとって最優先課題であることをすべての人間に知らせたのである。

一九九九年四月、ウェルチは次のように書いている。「GEにかかわって四〇年、大きなアイデアを推進するという点で、会社としてのイニシアチブがこれほど意欲的かつ迅速に進められた例はなかった」。このプログラムは文字どおり、歳月を何年も費やすものとなった。彼自身、このテーマに対する入れ込み具合は少しばかりバランスを欠いていたと認めている。だが、同時に彼は、この種のプログラムを立ち上げようとする場合は、社員が熱狂的になる必要があるとも主張している。

ただし、このバランスを欠いたシックスシグマの追求を通じて、ウェルチはGEの集中力を保ち続けたという点に注意していただきたい。他の企業の従業員は、経営陣が課してくる取り組みについて月替わりのプログラムなどと嘲笑的に表現する場合があるが、GEではそういうことはない。GEトップの座にあった二十余年、ウェルチが導入した大規模なイニシアチブはわずか五件だけである（グローバリゼーション、ワークアウト、製品サービス、シックスシグマ、デジタイゼーション）。

これらのイニシアチブの成功と同じくらい大切なのは、ウェルチがこれらを導入した手法である。もちろん、最新のイニシアチブについては、彼は最も声の大きい熱心な支持者として先頭に立った。しかし同時に、彼はミクロマネジメントを避けていた（リーダーは、より強くではなく、より軽く管理する）。

継続中のイニシアチブに関連した経営上層部のミーティングにおいて、ウェルチが議題をきっちりと定めることはめったになかった。むしろ彼は、テーマを一つ二つ放り投げて、直属の幹部たちに過去九〇日間に思いついた最も優れたアイデアを尋ねるというやり方を好んでいた。

その一方で、彼は非公式性というコンセプトを普及させ、社内の至るところに持ち込んだ。「甘い考えかもしれないが、ＣＥＣミーティングに出席するというのは、私にとっては同窓会に出席して友達と飲み明かすのと似ているのだ」とウェルチは記者に語ったことがあるくらいだ。

新たなアイデアが全員を元気づける

何よりもウェルチに元気を与えてくれたのは、新しいアイデアだった。ウェルチは自分自身の体験から、新たなアイデアは組織の活力のもとであると確信していた。かつて彼は「ヒーローとは、アイデアを持っている者のことだ」と断じた。アイデア、学習、研修——これらはすべて、組織の集団的な知性に貢献するものなのである。

しかし、周囲を元気づける人自身が、必ずしもアイデアの源泉になっているとは限らない。むしろそういう人は、他の人がそれぞれのアイデアを口にできるよう促すようにしているだろう。自分のアイデアの一つが組織にとって重要な「勝利」につながることほど、人々を興奮させることは他にあまりないことがわかっているからだ。

逆に、皆が自分の知力によって組織に貢献することができない場合は、どういうことになるだろう。

彼らはますます孤立感を深め、自分自身の運命を自分で決められないと感じるようになるだろう。こうなると、自分は組織に貢献しているのではなく、組織の犠牲になっていると感じ、その場しのぎのモードに入ってしまう人が増えてしまう。

ピーター・センゲによる研究も、これを裏づけている。「多くの組織では、ほとんどの従業員が意思決定や計画策定、学習に有意義な形で参加することができず、そのせいで、意図せずして、その場しのぎのモードを助長してしまっている。自分自身で責任をとる機会がまったくなければ、人は防御を固め、非難を避け、主導権をとることを避けることを覚えてしまう。彼らは、神によってではなく、会社の最上階にいる連中によって、振り回されているようなものだ」

創造的で知識欲に満ちた環境では、個人は世界についてもっとポジティブな展望を持つようになる。センゲの説明によれば、こういった環境では、人に責任を押しつけたり犠牲にされたりしていると感じる代わりに元気づけられていると感じる。新たな課題に挑む能力と意欲を持ち、過去に束縛されているとは感じない。長時間、熱心に働くようになり、やればできるという文化が、自然に社内の組織に深く浸透していく。そして、(偶然ではなく)こうした組織のなかにはリーダーのビジョンが広まっていき、リーダー自身は、総合的な問題により多くの時間やエネルギーを費やせるようになる。

組織をこの方向に向けて動かしていく方法の一つは、皆が新しいアイデアを持ち寄れるような仕組みをきちんと用意しておくことだ。GEには、主なアイデア交換の中枢の一つとしてクロトンビルがあった。しかしクロトンビルは前述のとおり、マネジメントに関する研修施設だった。

ウェルチがトップの座に就いた初期の頃は、マネジャー以外の者（GE社員の圧倒的多数に当たる）が利用できるアイデア交換の仕組みは存在しなかった。これが、ワークアウト・プログラムをウェルチが構想し、導入した理由の一つである。目的は、すべてのGE社員に対して、新たなアイデアを持ち寄るフォーラムを与えることだった。

ウェルチがCEOに就任する前、経営上層部のあいだでは、GEはすでにすべての答えを手にしているという雰囲気が広がっていた。しかし、ウェルチが始めた大改革の結果、GEはこうした独善的な感覚を捨て、見つかるかぎり、優れたアイデアを探すようになったのである。

こうした「境界のない学習」という文化によって、「GEのやり方が唯一の、いや最善の道だ」という思いこみが根絶された。こうして、「もっと優れたアイデアを持っている者を探し、それを学び、行動に移そう。それも迅速に」――そういう業務上の衝動が生まれた。

ウェルチは、アイデアを提示する際には、何の境界も上下関係もないことを社内に知らせた。誰でもアイデアを提供できるし、また提供しなければならない。「アイデアの質は、それが組織のどの階層から生まれたかには関係ない」とウェルチは述べている。「アイデアは、どんなところからでも生まれてくる。だから我々は世界中からアイデアを求める。［中略］我々は目標をさらに引き上げることを絶えず模索しており、そのために、絶え間なく他者と会話する」

あなたと私が、そしてまたこの国の企業リーダーが、社員に任せるだけの自信を持てるならば——我々の企業で働く男女一人ひとりが、自分が毎日やることと、現実の世界における成功と失敗とのあいだの明確なつながりを目にすることができるような環境をつくるだけの自信を持てれば——その時我々は、荒唐無稽と思える願いでさえ超越するほどの生産性を実現できるだろう。

さて、社内から（また世界中から）優れたアイデアを求めるだけにとどまらず、組織を「元気づける」うえで絶対に必要な第二の方法に進もう。それは、そのアイデアに基づいた「行動」が行われるようにすることだ。先に述べたGEのオペレーティング・システムは、これを目的として設計されている。つまりそれは、アイデアを行動に変換するシステムなのである。行動、スピード、機会をのがすなといった言葉が、ウェルチによるスピーチや文章に決まって顔を出すようになった。優れたアイデアを探す狩りは、獲物が視野に入っただけでは終わりにならない、という意味である。

ここでもまた、ウェルチは言行一致を心がけた。たとえば、部下のマネジャーの一人、ロイド・トロッターが、自分が監督する四〇か所の工場におけるベストプラクティスの推進に役立つマトリックスをつくり出したとき、ウェルチは、ただちにその情報をGE全体に触れ回った。その結果、「トロッター・マトリックス」は、GEで最も有名なマネジメント・ツールの一つになったのである。

また、ウェルチは他の企業からも優れたアイデアをピックアップすることを心がけた。ウェルチは一九九一年、ウォルマートの仕入れ先企業のトップの多くがそうするように、アーカンソー州ベントンビルのウォルマート本社に、サム・ウォルトンを訪ねた。だがウェルチの関心は、ウォルマートの機嫌をとることでなく、むしろ別のことにあった。ウォルマートが、毎年（売上高ベースで）数十億ドル単位の成長を続けるなかで、機敏さを保つために、現場のハイタッチとハイテクを、本社でいかにしてまとめているのかを学ぼうという狙いだったのである。

恐らく、そこで得られた教訓がGEで直接活用されることはなかっただろう（GEはウォルマートとはまるで種類が異なる）。しかし、もちろんウェルチが考えたように、規模という点に関して、ウォルマートの教訓を試してみることには意味があった。

アイデアは至るところにある。ウェルチは一九九一年にニューヨークで行った講演で、「今晩ここに集まった皆さんと語り明かしたら、私の仕事を改善するポイントが山ほど学べるだろうと思います」と語っている。

ここでの教訓は、社内のすべての人間が、絶えず周囲の状況や市場、競合他社などに注意を払うようにしておくべきだ、という点である。GEにおいては、どこかの誰かが、これを処理するもっといい方法を見つけているはずだ、ということが当然のように前提とされている。したがって課題は、最善の手を尽くして誰かが（それが誰であれ）すでに学んだことを学び、その知識をGE自身の台本に取り込むことである。

時には、新しいアイデアがもっと大きな動きの一部として得られることもある。たとえば、他社との提携や戦略的買収による場合だ。GEの例で言えば、一九八六年に六〇億ドルでRCAを買収した際に、そうした形で新たなアイデアが得られた。この買収は結果的に、GEが大々的にサービス事業を展開していくきっかけを与え、その基礎となったのである。

とはいえ、企業買収レベルの話になると、通常はシニア・マネジャー級の人間しか関知していない。したがって、企業買収はもっとはるかに大きなパズルの一片でしかあり得ない。大切なのは、社内のあらゆる階層の人間をイノベーションに関与させるということなのである。

元気づけるリーダーは、学習する組織を巧みに活用する

前章で論じたように、4Eリーダーが成功するためには、適切なインフラ（ソーシャル・システム）が導入されていることが絶対必要だ。ウェルチは組織構造を簡素化した。また不振事業は再建・閉鎖・売却のいずれかを選んだ。さらに前述のように、GEのすべての事業がそれぞれの市場においてナンバー1／ナンバー2になることにこだわった（「ウェルチは、ナンバー2であることをあまり気に入っていないようだ」という噂がすぐさま社内に流れたのは、特に意外なことではない）。

最後に彼は、自分の考える新しいGEのビジョンに適合しない事業部門を処分した。彼はGEの新しいビジョンを「三つの円」という言葉で表現した。すなわち中核事業、テクノロジー事業、サービ

ス事業である。ウェルチはこうした行動をはじめとする施策の結果、GEの新たな戦略方針を確立したのである。

だが、こうした戦略的改革はウェルチによるGE革命の第一段階（ハードウェア・フェーズと名づけられた）にすぎなかった。真の意味で組織を活性化させたのは、ソフトウェア・フェーズだった。すなわち、人員削減、リストラクチャリングをすべて済ませたうえでの、自信回復を重視する再構築の期間である。

ラリー・ボシディは、著書*Execution : The Discipline of Getting Things Done*（『経営は「実行」――明日から結果を出す鉄則』、日本経済新聞社）のなかで、このソフトウェアについて次のように説明している。「これは、企業のハードウェアに、システムとして機能するための生命を吹き込むものだ。もちろん構造をどう設計するかも大切だが、組織を、統合・同期化された全体へとまとめあげるのは、ソフトウェアの力なのだ」

ボシディはまた、ミーティングや研修、電子メール、会話、プレゼンなど、組織のなかで運用されている仕組みが、GEに非常に大きな利益をもたらしたと指摘している。その理由の一つは、こうした仕組みが物ごとをまとめるという性質を持っているからである。これらの機能を通じて職務や部署、上下の階層を隔てる壁が打ち壊された。また、新たな情報の流れと、新たな労使関係が生み出された。そして最後に、GEという企業と社外の世界とを隔てる壁も打破されたのである。

GEの社会的構造（エネルギーに満ちた、士気の高い企業文化）によって、真の学習する文化を生み出すというウェルチの目標を実現するための基盤が整えられた。初期のウェルチは、GEの全事業にまたがるアイデアの共有を表現するのに、統合された多様性というやや堅苦しいフレーズを用いていた。

後に彼は、統合された多様性という言葉の代わりに学習する組織（学習する企業と呼ぶこともあった）という言葉を使うようになる。「全員をゲームに参加させること、そしてこのアイデアと情報の流れに反応すること――この二つの結びつきによって、GEは今日の我々の姿、つまり学習する企業へと変貌した」

では、学習する組織とは、厳密にはどのようなものなのだろうか。*The Age of Unreason*（『ビジネスマン価値逆転の時代』、TBSブリタニカ）の著者チャールズ・ハンディは次のように説明する。学習する組織には「二つの意味があり得る。組織自体が学習するという意味と、自らのメンバーに学習を促す組織という意味だ。しかし、本来は両方を意味するべきである」。ウェルチの指揮するGEは、確かに双方の意味で学習する組織だった。ほとんどの専門家の見解によれば、ウェルチは一九九〇年代及びそれ以降において、組織的学習というコンセプトを最も広く知らしめた企業リーダーだったのである。

学習する組織における業績評価

学習する組織が持つ顕著な特徴の一つが、業績評価における双方向性である。『フィールドブック学習する組織「5つの能力」』においてピーター・センゲを中心とするチームは、毎年の業績評価の時に従業員と双方向性の対話を行うことの重要性を説いている。残念なことに（センゲによれば）、ほとんどのマネジャーはこうした双方向の会話に参加していない。

従業員を元気づけるには、業績評価の際に次のような種類の質問をすることを習慣づけるとよい。

- 今後一二か月間で、何を達成したいか。今後数年間で、何を達成したいか。
- あなたの目標を達成するうえで、この組織に何か役に立つ部分があるか。どのような障害があなたの前進を妨げることになるか。
- あなたが自分の目標を達成するうえで、他に何をこの組織に求めたいか。
- あなたの上司である私が、あなたの努力を邪魔しているとすれば、それは何か。
- （そして、センゲによれば、最後にもう一つ重要な質問がある）あなたが失敗するパターンはどのようなものか。あなたと相談し、あなたを支援するべきだと事前に察知するためには、どのような兆候に気を配っていればよいか。

従業員とこのような対話を行えば、自分の部下がどのような動機で活動しているのかがとてもよくわかるようになるだろう。彼らを元気づけるものが何か、彼らを元気づけるのを妨げているものは何かもわかる。ほぼ確実に、何らかのパターンが現れ、それを解釈すれば働きかけができるだろう。

こうした努力を成功させる鍵の一つは、自分自身が率直になり、それによって率直さを奨励することだ。こちらがまず率直になれば、相手もその流れに乗ってくる可能性が高くなる。

もう一つの成功の鍵は、双方向の対話を頻繁に持つということだ。こうした対話を年一回きりのイベントにするべきではない（実際、経営学者のなかには、給与の問題が話題になる時期や、そうした時期が迫っている場合にやったのでは、こうした対話は役に立たないと主張する声もある）。

最も優れた経営がなされている企業においては、非公式で有意義な対話が、毎日、社内のあらゆるところで進められている。4Eリーダーはこの点を理解し、組織全体で、一貫性のある率直な対話を奨励している。

ウェルチは毎年の業績評価の時期を待たず、部下のマネジャーたちに、会社や従業員、GEにおける最近の事業イニシアチブについて有意義な対話を進めさせた。ウェルチは、クロトンビルでマネジャーたちと集中的かつ自由な議論を行うのが好きだった。彼はよく、会合に先立って手書きのメモを参加者に送り、どんな話題が出る可能性があるかを知らせていた。ウェルチの手記によれば、彼は次のような質問をマネジャーたちにぶつけていたという。

最も頻繁に、苛立ちの原因となるのは何か。

もし可能であるとすれば、会社をどのように変えていきたいか。

最近の全社的なイニシアチブの進行状況はどうか。どうやってそのイニシアチブを自分の担当分野や事業、または全社的に加速させていくつもりか。

「一つの通貨」を使った活性化

一九九〇年代半ばまでに、ウェルチは当初の目標の多くを実現したと確信を持って言えるようになっていた。クロトンビルは、強い印象を与える若手のビジネスリーダーを輩出し、GEのオペレーティング・システム（定期的なミーティングと業績評価）は、グローバリゼーションや製品サービスといった重要なイニシアチブに関する、何千人もの従業員の教育を進めていた。社内の価値観が統一されたことで、GEにとっての最優先課題が強化されているように見えた。

だがウェルチは、もっとハードワークが必要であることを知っていた。周囲を元気づけるというパズルの最後の一片は、報酬体系だった。通常、幹部は給与・賞与・ストックオプションを組み合わせた報酬を得ている。新興企業やハイテク・ベンチャー企業、その他リスクの大きな事業においては、ストックオプション重視の傾向が見られる（支給される範囲も広くなる）。対照的に、「オールドエコノミー」に属する企業では、ストックオプションの支給はシニア・マネジャーや少数の厳選された幹部、社外取締役に限定される傾向が見られる。

ウェルチは新興企業の流儀を一部借用しようと決断した。彼は、ストックオプションを受け取るマネジャーを毎年どんどん増やしていくシステムを確立した。こうすれば、一致団結して働こうという強いインセンティブが全員に与えられるとウェルチは確信していた。『わが経営』のなかでウェルチは次のように言っている。「GEには通貨は一つしかない。それはGEの株式だ。業績の水準が異なればその量も異なってくるが、社員全員の救命イカダは、同じ一つのボートに結びついているのである」

そしてウェルチは急いで、一つの文化／価値体系／通貨は、必ずしも一つのスタイルを意味するわけではないと付け加えている。とはいえ、主な論点は変わっていない。すなわち、ウェルチのもとで働くマネジャーは、自分たち全員が同じ救命イカダに乗っているのであり、持つ価値のある通貨は一種類だけなのだと信じる必要がある、ということである。

ウェルチの一つの通貨という主張が、なぜそれほど重要なのか。答えは、二つの部分から成り立っている。まず、この主張によって共通の価値観という主張、つまりGEのすべての従業員とマネジャーが同じリズムに合わせて行進することが大切であるという主張が裏づけられるからである。そして、これが結局は、GEの多種多様な事業構成にもかかわらず、GEのすべての事業にわたってウェルチが生産性を改善していくのに役に立つからだ。

生産性が改善しなければ、半世紀もかけて構築してきた事業を二四か月で失ってしまう可能性もある。工業分野では、生産性の改善は必要不可欠である。

ウェルチは、たとえばシックスシグマを製造事業部門だけで実施したわけではないし、またGEの「三つの円」（中核事業、テクノロジー事業、サービス事業）の一つだけにワークアウトを導入したわけでもない。適切な基盤と適切な文化的背景があれば、これらのコンセプトは普遍的に応用可能であるとウェルチは確信していた。

実際、ウェルチの経営哲学が持つ最も貴重な側面の一つは、それが一般的に応用できるという点である。その構成部分の多くは、組織のリーダーが、自分の組織を元気づける方法を発見してさえいれば、規模や業界を問わずほぼどんな組織においても十分に活用できるのだ。

GEトップの座に就いた直後の激動の一〇年間、ウェルチが異端者というレッテル（いや、もっとひどい場合もあった）を貼られたことを思い出すべきだろう。ウェルチは最初の一〇年間、自分を批判する者たちに耐え、その後の一〇年間でうまく彼らを黙らせてしまった。彼が実施した多くのイニシアチブの結果は明白である。GEは信じがたいほどの成果を達成したのだ。ウェルチが会長に就任した時点でGEに一万ドル投資していれば、退任直前には三六万七〇〇〇ドルになっていた計算である。これは、同じ時期のスタンダード&プアーズ（S&P）五〇〇種平均株価の上昇分の二五〇パーセントに相当する。

GEが紛れもない成功を収めると、人々はウェルチの経営手法に見習うべき点がたくさんあることに気づきはじめた。だが、こういうウェルチを模倣しようとする人々の多くは、周囲を元気づけるリーダーと学習する組織のシナジー関係を見落としていた。学習する組織では、周囲を元気づけるリーダーが成功する。彼らは周囲の者が学習し、改善し、実践し、成功するよう刺激を与える。どうしてそうなるのか。理由は、こうした重要な目標を達成するためのシステムが導入されているからなのである。

そしてその一方で、学習する組織は元気づける人が存在することで大きな利益を得ている。ウェルチ指揮下のGEを参考にするならば、学習する組織をつくるためには、断固たる意志を持つ人間を要職に据えておかなければならない。ウェルチの学習する組織は、生まれながらに元気づけることがうまい数人の主要リーダーを軸として構築された。ホームデポのCEOとなったロバート・ナーデリは、かつての上司だったウェルチに強い印象を与えた一人だった。新たなポストに就任したばかりの頃を回想して、ナーデリは誇らしげに、苦境に陥った企業を自分がどう再生したかを語っている。二〇〇五年初頭、彼は的を射た措置をすべて講じることで、いかにしてモチベーションの高い忠実な従業員からなる組織が生まれるかを説明している。

我々は、非常に透明性の高い組織をつくり上げようと本当に努力した。団結を重視し、社員が学習し、何かを始めることを認めるような企業文化をつくり出すことに非常に力を注ぐような組織だ。［中略］我々は四年間で大きな成果をあげ、最終的には優秀な従業員を対象とした調査のなかで、その成果を評価した。我々の評点は、業界の標準よりも二〇ポイントも高かった。

ナーデリの証言によれば、従業員が満足していれば、彼らは企業の戦略をよりよく理解してくれるようになり、自分の会社を友人や仲間に推薦してくれる可能性もぐっと高まるという。

新しい大規模な取り組みが活気をもたらす

もう一度、RCA買収の話に戻ろう。こうした大規模な買収は、組織全体を活気づかせるものだ。ウェルチはこれを大いなる飛躍と呼んだ。

GEとRCAは、本来は同一企業の部門だった。しかし一九三三年、司法省は市場競争促進のため、この企業に分割を命じた。だがその後、半世紀が過ぎて状況は変わった。ウェルチは、市場の規制緩和が進んだことで、GEがRCAを、なかでもその貴重な資産であるテレビ局NBCを買収する機会があると見抜いたのである。

ウェルチがGEに課したような大規模なリストラを経験すれば、企業の士気はどうしても低下しがちである――ウェルチはそれを十分に承知していた。だが彼は同時に、巧みに計画された衝撃的なできごと（大いなる飛躍）は士気高揚につながる傾向があり、社内に活気を与え、共通の理念のもとに団結させる可能性があることも知っていた。

依然として大規模な製造コングロマリットと考えられていたGEが、テレビ局ネットワークを買収するという考えについては、多くの人々が疑問を投げかけた。だがウェルチは、この買収がGE全体に活気を与える可能性があると見抜いていた。

回顧録のなかでウェルチは、RCA買収の発表がGE経営陣に与えた影響について、「この買収で雰囲気が一変した」と表現している。

続けてウェルチは、ボカ・ラトンで毎年行われるマネジャー・ミーティングの様子を次のように描いている。「オープニング・セッションのために舞台に向かって歩いていたら、突然、会場にいた五〇〇人くらいのマネジャーが立ち上がって自然に拍手をしてくれた。RCA買収は新時代の幕開けになったのだ」

強みに立脚した活性化

ジャック・ウェルチは、天性として、他人が何を学ばなければならないかを直観的に見抜くような人物だった。彼の理解では、効果的なリーダーシップの鍵の一つは強みを活かすこと——それも特に個人の強みを活かすことだった。このところ、強みに立脚した活性化の利点を賞賛する著作もいくつか見られる。

世論調査会社ギャラップの研究者であるマーカス・バッキンガムとドナルド・クリフトンは、注目に値する著書*Now, Discover Your Strength*（『さあ、才能（じぶん）に目覚めよう——あなたの5つの強みを見出し、活かす』、日本経済新聞社刊）のなかで、強みを活かした組織のリーダーシップの重要性を強調している。「ただし、自分自身の強みを見つけ、特定し、育てていく方法を知らなければ、『強みをベースにした変革』を進めていくことはできない」と著者は主張している。

もちろん、経営学の分野でも、強みの活用については昔から論じられてきた。この点でも、実はドラッカーが先駆者である。最高傑作である一九五四年の『現代の経営』で、ドラッカーは次のように書いている。「自分にできないことに頼って、何かをすることはできない。自分がやっていないことに頼って、何かを達成することはできない。頼りは自分の長所だけだ。実践によってしか達成はない」

だがウェルチは、強みを活かすという概念を、さらに前進するための重要なステップだと考えるのが常だった。彼は、強みを活かすことで組織が正しい軌道に乗るだけでなく、組織の活性化にもつながると考えていた。強みを活かしているかぎり、組織を動かすバッテリーは消耗せずに再充電される。これが、ウェルチによるGE再生におけるハードウェア・フェーズとソフトウェア・フェーズを背後から支えている理論だった。ある意味で、ハードウェア・フェーズ（事業ポートフォリオのリストラクチャリング）は、非生産的な資産を解放することによってエネルギーを生み出すものだった。一方、ソフトウェア・フェーズ（システムと社内の士気を立て直す）では、人々を元気づけることを狙っていた。

すでに述べたように、ワークアウトは、個人の強みこそがすべてを克服するという前提に基づいて開始された。「一九九〇年代の私の考えは、職場の『解放』という発想に基づいていた」とウェルチは書いている。「従業員が持っているものすべてを利用したいと思うなら、彼らを解放し、全員を参加者にしなければならない。誰もがすべてを知り、自分自身で正しい判断ができるようでなければならない」

強みを活かすために、ハードウェア、ソフトウェアの両面で、自分の事業について強みのチェックをしてみるというのはどうだろうか。つまり、市場での競争上のポジションと、人的資本の質や適性を洗い直してみるわけだ。出発点としては、次のような「おおざっぱな質問」がいいだろう。

1．我が社のビジネスの短期・長期双方にわたる成功を支えるような、持続的な優位性とは何だろう

か

2. 1の答えに満足できない場合、あるいはただちに明確にならない場合、持続的な優位性を得るにはどのようなコンピテンシー、テクノロジーなどを獲得する必要があるか

3. 我が社の社員には、今後の困難な業務に取り組む力が十分にあるだろうか。中心となる社員を一枚の紙に書き出し、それぞれ社員の最も重要な強みを五つメモしてみよう。コミュニケーションがいちばんうまいのは誰か。抑えの切り札になるのは誰か。他の社員を刺激するのは誰か。最も熱心に働くのは誰だろうか

4. 我が社の社員は、適切な業務に就いているだろうか。優れた社員が不適切な仕事に忙殺されていないだろうか。直属の部下は、自分の強みに合った仕事をしているだろうか。もしそうでないならば、当面の仕事をこなしつつも、組織再編の長期的な計画を立ててみよう

ストレッチ・ビジョンに基づく活性化

ウェルチ以前のGEは、(米国内で最大規模の製造企業の一つであったにもかかわらず) 地味な企業だった。ウェルチ以前の歴代の経営者は一桁台の成長をめざし (多くは一桁台前半~中程度の成長率だった)、それが実績ある製造企業にとってはふさわしいと考えられていた。米国経済全体よりも

速いペースで成長してさえいれば、それで十分だった。GEはGNP企業と呼ばれる多数の企業の一つだった。業績が国民総生産（GNP）の動きを反映しているような企業を指す言葉である。

だが、ウェルチの目標ははるかに野心的なものだった。彼は二桁成長を目標とし、毎年それを達成し続けた。実際、彼は非常に大きな成功を収めたので、一九九〇年代になると、株式市場ではGEの株価にウェルチ・プレミアムが上乗せされるようになった。こうして、ウェルチの在任期間の大半を通じて、GEの株価収益率（PER）は四〇～五〇倍を維持したのである（米国企業の株式の平均PERはその半分ほどである）。

ウェルチは、簡単な目標を達成するよりも、高い目標を掲げてわずかの差で及ばないほうがはるかによいと感じていた。一九七九年、ウェルチは当時CEOだったレグ・ジョーンズに宛て、次のCEOにふさわしいのは自分であると説得する手紙を書いた。ウェルチはそのなかで、自分の部下として働いた人間は「かつて自分が可能だと考えていたよりも高い目標を達成したことにより、自尊心と自信を増している」と、飾り気はないが雄弁な言葉で語っている。

ウェルチはこの現象を表現するのに面白い言葉を使っていた。彼は、自分は滑走路を提供していると書いている。「人と会う時に私がいつも求めているのは、成長できる余力なのです。だからこそ、自分はいつも滑走路に賭けています」と強調している。

言い換えれば、誰かの前にもう少し滑走路を継ぎ足してやり、高いスピードで、新しい方向に向けて離陸するよう促せば、すばらしいことが起きる、というわけだ。その人のビジョンをストレッチするのだ。

ＣＥＯとしてのウェルチは、部下のリーダーたちにも同じことをするよう説いている。「一見不可能と思えることに向かって努力することで、往々にして、不可能なことが実際にできてしまう。達成できなかった場合でも、必然的に、そうでない場合よりもはるかによい結果が得られる」

ウェルチは、予算策定プロセスは滑走路の提供やストレッチ・ビジョンを育てることとは相反するものだと考えていた。よくあるパターンでは、マネジャーたちが二日間一つの部屋に籠もる。ある数字屋が「９」と言えば別の数字屋が「７」と応じ、最終的に「８」で妥協して、仕事の成功を祝って労をねぎらっては、それぞれ現場の仕事へと戻っていく。

これほどおそまつな話があるだろうか、とウェルチは問う。マネジャーたちを一室に閉じこめる――つまり顧客や製品、それにウェルチが企業の生命線と考える新しいアイデアから切り離すというのは、貴重な資源のとんでもない無駄遣いではないか。これではエネルギーは消耗し、ビジョンは縮小してしまう。

容易に達成できる「８」をめざすよりも、雄々しく「12」をめざして「10」で終わるほうがはるかによい。ストレッチ・ターゲットは、モチベーションを与え活性化につながる。予算を定めると、これを守らなければという警戒心と内向きの考え方が強まる。そうなれば、企業から生命力が奪われてしまう。かつて、ウェルチは「小数点以下の話はウンザリだ」と言った。

予算策定プロセスを体験したマネジャーなら（どんなに筋金入りの数字屋でも）、ここで言いたいことはわかってくれるだろう。人は、自分の前に用意された課題に奮い立つ。課題は大きければ大きいほどいい。ジョン・F・ケネディは、現代史において最も有名なストレッチ・ゴールを設定した。彼は一九六一年、「(米国は) 六〇年代末までに、月に人間を送り、安全に地球に帰還させる」と宣言したのである。当時の技術水準から考えれば、これはとうてい現実的とは言えない目標だった。しかし、ケネディは意に介さなかった。「私たちは、簡単だからという理由で何かをやるのではない。困難だからこそ、やってみるのだ」と彼は付け加えた。一九六九年夏、このストレッチ・ビジョンは達成された。

〈コラム〉あなたは、元気づけるリーダーだろうか

あなた自身と、あなたの経営スタイルについて、まず次のような質問に答えていただきたい。ウェルチ流にならった形式張らない質問ばかりだが、二番目のE (元気づける) について自分がどの程度の点数になるか参考になるはずだ。

1. 自分のチームの目標を設定する時、少数の明確な目標に限定するよう努めているか
2. ビジョンを明確に示し、それを実行させることで、同僚を絶えず元気づけているか
3. 直属の部下全員に対して、新しいアイデアを提供することも仕事の一部だと徹底している

か

4. 最も優れたアイデアに対して報酬を与えたり表彰したりしているか（それを提供した人物を賞賛し、手書きのメモで感謝を示すなど）

5. 直属の部下と双方向性の対話をする習慣があるか

6. あなたの組織は、一艘のボートにつながった救命イカダのようなものという哲学を実践しているか（たとえば、最も優秀なマネジャーに対する主要な報酬として自社株やストックオプションを用いているか）

7. すべての事業や製品ラインを定期的に検証し、不要なものを排除しているか。つまり、自分自身に対してドラッカー流の質問「もし、まだその事業・市場に参入していないとすれば、いま持っている知識から考えて、これから参入しようと思うだろうか？」をぶつけているだろうか

8. 社員の弱みよりも強みに注目しているだろうか。つまり、ある社員を配属する際に、その社員が最も害を与えそうにないところに配属するのではなく、最も大きな成果をあげられるような部署に配属しているだろうか

9. 自社の価値観を実践することにより率先垂範しているだろうか

10. 小さな漸進的目標ではなく、ストレッチ・ゴールを設定しているか

8つ以上の質問にイエスと答えられるようなら、あなた自身も、あなたの会社も、他より優位にあると考えていいだろう。

イエスが5つ以下なら悪い前兆だ。あなたの部門では、士気が低迷し、その潜在能力はまるで発揮できていない可能性が高い。

5〜8点であれば、あなたの会社は真ん中あたりであり、若干の改善の余地がある。

4Eリーダー　チェックリスト

□学習とベストプラクティスの実践に関して、システマティックな方法を生み出す

ウェルチはGE社内に新たな考え方を生み出し、全員に傲慢さと自己満足は許されないことを周知させた。彼は学習を制度化した。GEは長年にわたり、新たなことを学ぶために、IBM、フォード、ヒューレットパッカードといった企業を研究した。

□職場に非公式性を導入する

ウェルチはかつて、「GEをめぐるストーリーのなかで知られていないことは、GEという組織が形式張らないところだということだ」と話している。ウェルチはネクタイを外し、GE伝統の物々しい儀式の多くを廃止した。タイム誌が派遣したカメラマンに対して、ウェルチは「偉そうに見えるのは嫌だ」と言って、上着を着るのを拒んだ。

□次の大きな、新しいものを見極める

ウェルチは、大規模な取引や企業買収（たとえば2008年までのオリンピック放映権を23億ドルで独占契約するなど）は、会社全体を活性化し、予期せぬ機会を生み出す可能性があることを知っていた。自分の業界で次の大きなものが何であるかを見抜き、その実現に向けてリソースを投下すべきである。

□最も優れたアイデアを賞賛する

ウェルチは、GEの最大の強みの一つは、最も優れたアイデアを賞賛する能力であると話している。部下のマネジャーの一人がこれまでより優れた仕組み（たとえば「トロッター・マトリックス」など）を案出した時に、彼はまさにこれを実践している。最も優れたアイデアを思いついた人に、その功績が認められるようにして、社内の

活性化を図ろう。

□より大きな目標を設定する

ウェルチは、大きな成果をあげるための鍵は、より大きく考えることだと悟っていた。自分が「5」の段階にいるとすれば、「5.8」をめざすよりも「12」をめざすほうがいい。ウェルチは、「小数点以下の話はウンザリだ」と宣言し、ストレッチ・ゴールを達成できなかったという理由で誰かを解雇したことはない、と主張した。

□インセンティブ制度を強化しよう

躊躇せずにインセンティブ制度を強化して、その対象となるマネジャーをどんどん増やしていこう。ただし、報奨を与える場合には、厳密に、組織が成功のために必要としている貢献を条件とするように気をつけなければならない。

第3章

Edge
厳しい決断にもひるむな

エッジのある人物は、競争心に富み、
スピードの価値を知っている。
自信に溢れ、プロジェクトなり企業買収なりに、
いつゴーサインを出し、
いつストップをかけるのかを心得ている。
矛盾した状況でも迷うことはない。

ウェルチは、スポーツとビジネスについて語るのが好きで、どんな状況でもぴったり当てはまるスポーツの比喩をひねり出すことができた。そうしたスポーツの比喩が非常によく目につくのが、三つ目のEであるエッジについて語る場合である。

かつてウェルチは、「市場は、まるでスーパーボウルの優勝チームやオリンピックの金メダリストを称えるように、成功した企業を賞賛してくれる」と語った。「私の部下は、そういう優れたスポーツ選手だ。他のチームは私のチームに太刀打ちできるだろうか？　もし、自分の部下全員に誇りを持てなければ、私のチームにはとうてい勝てないだろう」

ウェルチにとって、ビジネスとは勝利だった。つまり、市場において勝利を収め、顧客を勝ち取り、新たな契約を勝ち取り、株主のために勝利を収める。ウェルチのナンバー1／ナンバー2戦略には、確かに彼の競争心の強い性格が現れている。二冊目の著書である経営の基本に関するハウツー本の執筆に向けて四〇〇万ドルの契約を結んだ時、彼はいみじくもタイトルを*Winning*（『ウィニング　勝利の経営』、日本経済新聞社）とつけたのである。

だが、勝利に向けたウェルチのアプローチは、決して単純なものでも平面的なものでもない。勝利に続く道が時には曲がりくねっている場合もあることを知っていた。より少ないマネジメントがよりよいマネジメントであり、より少ないものでより多くを生産することが成功の鍵であると理解していた。また、多くの事業を経営しつつ、学習する・境界のない組織という単一のビジョンを課さなければならないことも承知していた。

ビジョンの明快さとエッジを維持しつつ、複雑さと矛盾に取り組んでいくのは、難しい綱渡りである。ウェルチはそれを理解し、人並み以上の優れた成果をあげたのである。

〈コラム〉エッジを示した米国の市長

エッジを十二分に備えた政治的リーダーが、米国の市長ことルドルフ・ジュリアーニである（偶然にも、彼はウェルチのファンである）。ジュリアーニは、二〇〇一年九月一一日、ニューヨークが悲劇的なテロ攻撃に見舞われた時、そのエッジを見せた。市長としての任期満了まで残り数か月の彼としては、身を隠して安全な場所から命令を下すことだってできたはずだ。

しかし、彼はそうしなかった。彼はあらゆるところを飛び回り（最も頻繁に姿を現したのはグラウンドゼロである）、支援し、指図し、そして導いたのである。彼を最も厳しく批判してきた者でさえ、この日は彼を賞賛した。だが彼らは、恐らくジュリアーニがリーダーシップという点で、この日以前にどれだけの準備を積み重ねてきたかわかっていないだろう。

ジュリアーニは周囲の者にも、常に事に備えるようにと言ってきた。ジュリアーニによれば、彼は早いうちから何ごとも前提にしないことを学び、自らそのアドバイスに従ってきたという。たとえば、ニューヨーク市長に選ばれる前、自分がその職に対して十分に準備できていないのではないかと心配していた彼は、市長として必要なことを学べるように、自分があまり詳しくない事柄について学習する一連のセミナーのための時間をとるようにしていた。

ジュリアーニが後に書いているが、これらのセミナーは、彼が必要としていた知識を提供しただけでなく、さまざまな状況において自分がどのように行動するかを考え抜くチャンスを与えてくれたという。彼は、リーダーたる者、最善の判断を下すために可能なかぎり時間をかけるべきではあるが、いまから数日後ではなく、まさにいま、さまざまな選択肢を検討するべきなのである。

ジュリアーニは、ドラッカーに言わせれば天性のリーダーかもしれないが、彼は何ごとも当たり前とは考えず、何かを運任せにすることはほとんどなかった。彼は絶えずリーダーシップを発揮することに備え、自らに厳しい基準を課していた。これらがすべて、(ニューヨークにとって、また合衆国にとってありがたいことに)最も重要な意味を持つ日に実を結んだのである。

矛盾に直面しても、エッジを維持するには

ウェルチの初期の行動は、彼がそもそも何を心配していたかを如実に表している。企業を再生させるには、矛盾する方向に引っ張りあう多くの行動が必要だった。何よりもまず、彼は構築のための破

壊を行わなければならなかった。短期的に食べていきつつ、長期的に経営する方法を見つけなければならなかった。ウェルチは、その両者を均衡させるうえですばらしい仕事をした。これが、彼が大きな成功を収めた理由の一つである。

そのために彼がとった方法の一つが、妥協のないコスト削減である。GEトップの座に就いて最初の五年間で、ウェルチは全社員の四分の一を削減した（一一万八〇〇〇人、うち三万七〇〇〇人は撤退した事業分）。

だが、これを相殺する流れもあった。大幅な人員削減の一方で、彼は、自ら非生産的と呼ぶものに何百万ドルもつぎ込んだ。クロトンビルの施設を刷新し、スポーツジムやゲストハウス、そしてフェアフィールドの本社には会議センターを建設した。

当然ながら、こうした優先順位のつけ方に対しては社内外から異論が沸き起こった。これだけ多くの雇用を削減しておきながら、どうしてクロトンビルやフェアフィールド本社に何百万ドル（正確には七五〇〇万ドル）も投資することが許されるのか。ウェルチはこうした抗議に耳を傾け、理解はしたものの、それでも方針を改めようとはしなかった。

これは、明らかにビジネスにおける逆説だった。成長するためには縮小しなければならない。何かを得るためには何かを捨てなければならない。雇用を削減し、生産性の低い工場を閉鎖することで（直接影響を受ける人々にとっては厳しい動きであろうとも）、GEの改革を刺激するような場所を再活性化するための資金を捻出したのである。Aプレーヤー（ウェルチが最も優れた人材を呼ぶ時の言葉）を惹きつけ、訓練し、引き留めることができなければ、競争の激しい市場において、GEはますます後れをとってしまうだろう。

ウェルチの行動の理屈が多くの人々に理解されるには時間がかかったが、最終的には彼らもわかってくれた。ここでもやはり、反論しようのない結果が出ていたからだ。一九八〇年代後半には、利益率、在庫回転率など、あらゆる生産性指標が大きく改善されていた。組織内での矛盾する牽引力をうまく統御し（時には非常に強い力が働くこともあるが）、その一方で自分のビジョンを守り続けることで、ウェルチは自分がエッジを備えたマネジャーであること——厳しい決断にもひるまない人物であることを実証したのだ。ウェルチと、彼が率いるコンサルタント・チームは、このことを次のようにまとめている。

矛盾する状況が生じるのは、ごく当たり前のことだ。一つの企業として一体として機能しつつ、同時に多くの事業を運営していかなければならない。我々にとってリーダーシップとは導きつつ導かれること。より少ないインプットでより多くのアウトプットを得ることである。

差別化で勝つ

人と組織を重視するウェルチの姿勢は、彼がGEにおいて最も優秀な人材を育成することにどれだけ力を入れていたかを裏づけている。彼は、それを自分一人ではやることができないことをわかっていた。彼は、真の変革の鍵となるのは社員を正しく分けることだと理解していた。『ビジョナリーカンパニー2』のなかでジム・コリンズは、この課題について次のように表現している。「優れた企業を偉大な企業に変えていくリーダーは、まず、ふさわしい人間をバスに乗せるところから改革を始める（そして、ふさわしくない人間にはバスを降りてもらう）。それから、どこに向かうかを決める」

すでにGEは、マネジャー育成の重視という点では高い評判を得ていた。ウェルチの前任者であるレグ・ジョーンズは、後継者選びに七年間を費やした（後にウェルチも、自分の後継者ジェフ・イメルトを選ぶ時に同じような情熱を示すことになる）。だが、リーダー養成という点でウェルチ時代のGEが達成した真の成功は、次期会長の選考ではなくGE内の食物連鎖全体に現れている。

ウェルチは、どうやってそれを実現したのだろうか。まず言えることは、ウェルチは決して焦らなかったということである。リーダー養成には、数週間、数か月ではなく、数年を要する。ウェルチがリーダー養成のために使った手段の一部については、すでに本書でも触れた。つまり、GEとしての価値観の確立（及びその価値観の遵守の義務づけ）、ワークアウトの実施、GEのオペレーティング・システム上でのミーティングや業績評価を通じた率直さ・信頼の確立である。

ウェルチは、さらに差別化にも取り組んだ。これは一つには、ウェルチ自身のGEでの個人的な体験に基づいている。約四〇年前、ジャック・ウェルチという名の二〇代の生意気な一匹狼の青年が、GEに辞表を叩きつけた。理由は、皆と同じ一〇〇〇ドルというお粗末な昇給を告げられたこと。彼は、猛烈に怒っていた。

彼は成功に成功を重ねたというのに、他の皆より大きな昇給を得られないなんて、会社は自分を十分に評価していないということではないか。ウェルチに退職を思いとどまらせるには、少なからぬ金額を要した。この体験は、数十年にわたってウェルチに影響を与え続けた。彼はこの体験から、差別化とリーダーシップの重要性について大いに学んだ。ウェルチは、次のように述べている。

> 差別化とは、極端であることだ。最も優れた者に報酬を与え、無能な者を排除する。厳格な差別化によって本当のスターが生まれ、そのスターが偉大なビジネスを築くのだ。

差別化を重視するウェルチの姿勢は、彼のさらに大きな哲学について多くのことを語ってくれる。ウェルチは言う。人生の最初の二〇年間は、小学校一年生の時の簡単なテストから大学入試に至るまで、差別化の連続である。なぜ、仕事の世界に入ったとたんに差別化をやめるのか。

この点について、ウェルチは度重なる批判を受けてきた。こうした批判に対して、ウェルチは野球になぞらえて、こう答えている。「プロ野球チームが二〇勝投手や、ホームランを四〇本打つ選手にどれだけ報酬を払っているか見ればいい」。ウェルチは、成績欄を見ればAプレーヤーがチームにとってどれだけ貴重かは一目瞭然であり、企業という環境におけるAプレーヤーについても同じことだと言う。彼らにエッジの効いた活躍を望むなら差別化が必要だ、とウェルチは言う。そこには、最も優秀な者に最も高い報酬を払うことも含まれている。

ドラッカーは、どんな組織でも、最も多くのコストを要するのは経営チームだと書いている。ウェルチはこれを直観的に悟っていた。ウェルチの音頭のもとで、GEはAプレーヤーと判断された社員を定着させるため、システマティックな取り組みを進めた。Aプレーヤーを失った場合には、その理由を究明するため、退職後の原因分析が行われた。多くの場合、誰かがその流出に関する説明責任を負うことになった。

では、GEにおいて最も優秀な社員の引き留めはどの程度成功したのか。ウェルチの任期中、Aプレーヤーの離職率は毎年一パーセント以下に抑えられたのである。

リーダーシップとバイタリティ・カーブ

「4Eリーダー」は、厳しい決断、それも特に採用・解雇・昇進など「生死をかけた」決断をどう下すべきかを心得ている。こうした重要な決定に関して、GEほど多くの時間を費やしている企業はほとんどない。ウェルチはAプレーヤー、Bプレーヤー、Cプレーヤーを区別した。先に述べたように、Aプレーヤーはスター選手である。しかし、最も人数の多いカテゴリーはBプレーヤーであり、これが会社の中核をなしている。最後に、Cプレーヤーは周囲より劣っている社員である。目標を達成できず、周囲を活性化することもない。彼らは多くの場合、そのビジョンの優秀さではなく、支配と脅しによって部下を率いようとしていた。

GEでは、マネジャーは直属の部下を差別化し、次の三カテゴリーの一つに分類しなければならなかった。

●トップ二〇パーセント
●活力のある七〇パーセント
●底辺一〇パーセント

GE(及び同様のプログラムを持つ他企業)は、この三層からなるシステムをバイタリティ・カーブと呼んでいる。こうしたカテゴリーは、Aプレーヤー/Bプレーヤー/Cプレーヤーという区分と直接対応しているわけではないが、おおまかな指針としては十分使えるものである。

GEでは、Aプレーヤーに対してストックオプションを与え、昇給幅も大きかった。Bプレーヤーの大半にもストックオプションが与えられた。実際には、ロールモデルと呼ばれる業績最優秀グループの場合はメンバー全員に、これに続くストロング・パフォーマーズと呼ばれる優秀なグループに対しても、全員にストックオプションが与えられた（この両者がAプレーヤー）。また、ハイ・バリューと呼ばれるBプレーヤーのうち五〇～六〇パーセントがストックオプションを与えられた。

これは非常に大きな変化だった。というのも、ウェルチがCEOになる以前のGEでは、ストックオプションを支給されるのはほんの一握りのトップ幹部（及び社外取締役）だけだった。これに対し、ウェルチが退任するまでにストックオプションを受け取ったマネジャーは三万人以上に達する。ウェルチがGEにおける最も優秀な人物と認めた数百人のマネジャーは巨額の資産を得ることとなった。

では、底辺の一〇パーセントはどうなるのか。ウェルチが定めたルールによれば、底辺の一〇パーセントは何が何でも毎年解雇されることになっていた。これは、ウェルチの主義のなかで最も議論を呼ぶ部分である。自信に満ちた境界のない組織の構築を語りつつ、どうして社員の一〇パーセントを毎年解雇できるのか。

この場合もやはり、ウェルチはこうした矛盾する物ごとをうまくさばいていた。これこそ、エッジを備えたリーダーが実際にやってきたことなのだ。エッジを備えたリーダーは、（明確なルールに従って）断腸の思いで決断を下し、前に進んでいく。その一方でウェルチは、水準に達していない社員を形ばかり賞賛して、ふさわしくない仕事を何年もやらせるよりは解雇したほうがはるかにマシだと主張した。ウェルチによれば、そうした態度は偽りの優しさであり、後になって、当人のキャリアを妨げるだけなのである。

もしマネジャーが、どうしてもこれを実践できなければ――つまり、Cプレーヤーを解雇するなり、あるいはこれに類似した困難な決断を下すことができなければどうするのか。ウェルチは妥協しない。彼は、GEからCプレーヤーを排除できない者は、近い将来、自らもCに分類されることになる、と書いている。

またウェルチは、Cプレーヤーを見つけて解雇するのも、一回目は非常に容易だということを認識していた。というのも、剪定されていない組織には、必ず若干の枯れた枝が含まれているからだ。こうした明白な業績不振者を解雇することにより、マネジャーは厳しい姿勢とエッジを身につけるチャンスを得る、とウェルチは主張する。しかし言うまでもなく、二回目はもっと困難になる。二年目以降は、一種の拷問になる。明白な選択肢となる社員はこの段階までにすでに解雇されており、マネジャーは何とかして自分のお気に入りの社員を解雇しないよう手を尽くす。

だが、豊かなエッジを備えた最も優秀なリーダーは、深く自省して、この難業をこなす方法を見つける。重要なポストに最も優秀な人材を配置することほど重要なことは、他にほとんどないと理解しているからである。

ジム・コリンズも『ビジョナリーカンパニー2』のなかで、(やや違う方向からアプローチしているが)同じように主張している。「『誰が』という問いが、『何を』という問いよりも、またビジョンや戦略、組織構造、戦術よりも先である。『誰が』という答えを出して、初めて『何を』が来るのである」

コリンズの宣言にはウェルチの影響が見受けられる。コリンズによれば、重要なのは社員に関する決定を下す時に、現実を直視することである。ある志願者に確信が持てない時には、自分の直感を信じ、採用するべきではない。また、変化を起こすことをためらうべきではない。期待に応えられない者は、すべて外すべきだ。最後に、最も優秀な人材は、最も機会の大きいところに配置すべきである。少し表現を変えるなら、一日中トラブル処理ばかりやらせて貴重な才能を無駄遣いさせるな、ということだ。

新興企業並みのエッジを持つ

ウェルチは絶えず、GEを世界で最も競争力のある企業にすると語っていた。しかし、企業としての大きさ（規模・範囲・地理的な広がり）そのものが、GEを不利な立場に追いやる恐れがあった。ウェルチはそうした観点から、小規模な企業がエッジを備えていることが多いと感じていた。小規模な企業は、ウェルチが言う市場で躊躇することへのペナルティを理解していた。規模が小さければ、より弾力的で適応力があり、迅速に動くことができる。だからこそ、ウェルチは小さな企業の精神を持つ大きな企業を組織の理想としたのである。

一般的に、ウェルチは緩慢に動くものを嫌っていた。自分のキャリアを振り返って、もっと別のやり方をするべきだったと思うことは何かと問われた時、ウェルチは、ほとんどすべてのことについて同じようにやるだろうが、ただしもっと迅速にやるだろうと答えた。その理由としてウェルチは、官僚主義はスピードを恐れ、単純さを嫌うからだ、と説明した。「官僚主義は、保身と権謀術数、時には卑劣さを育む。官僚主義に囚われた人間は情熱的にはなれず、成功もしない」

ウェルチがこう語ったのは、一九八〇年代後半、ちょうどワークアウトを社内に導入しはじめた頃のサンフランシスコでの講演である。引用されることの多いこの言葉は、ウェルチの考え方について多くを語っている。彼は、GEの（成長や変化の）速度を落とすことはすべて嫌っていた。多すぎるマネジメント階層や幹部クラスの過度の傲慢さ、そして何よりも悪いのが特権意識だった。

ウェルチの例を参考にすれば、組織をより迅速に動かし、官僚的な無駄を多少なりとも省くために、マネジャーとしてできることはたくさんある。

●重要なプロジェクトに取り組むため、小規模なユニットや部門横断型のチームをつくる

4Eリーダーは、新興企業がどのように自社のビジネスを食い荒らしたのかという報告書など待ってはいない。一例を挙げれば、ウェルチは、ドットコム企業がGEの市場シェアをかすめ取るのではないかと心配し、DYB（destroy your business：おまえのビジネスを破壊する）と呼ばれる独立し

たユニットをつくり、ドットコム企業の先手を打って新たなビジネスモデルを考案しようとした（しかし、この場合は結果的に心配する必要はなかった。新興企業の大半は、ＧＥが誇るインフラに太刀打ちできなかったからだ）。

●思い切ってホームランを狙う

ウェルチは部下のマネジャーたちに、安全策でいくよりも大いなる飛躍を狙えと促した。ＣＥＯとして任期満了が近づいても、彼は自分のキャリアにおける最大の賭けから逃げようとはしなかった。技術企業ハネウェルを四五〇億ドルで買収する案件である（最終的に監督当局に阻まれた）。漸進的に、つまり頻繁に小幅で慎重なステップを刻んでいくよりも、はるかに大規模で偉大なことを試してみよう。直属の部下にも同じことを求め、失敗したからといって彼らを罰しないようにしよう。

●生産性を阻害する要素を根絶する

前回、最後に深刻な敗北や後退を余儀なくされた時のことを考えてみよう。考えられる原因を特定して、現実を直視しよう。マネジャーがミスをしたせいなのか。組織構造の考え方がまずく、意思決定が麻痺してしまったためなのか。全員があまりにも慎み深く（あるいは機能不全に陥り）手遅れになる前に問題を指摘できなかったのか。原因が何であるにせよ、こうした生産性を損なうガン細胞を社内から摘出しよう。

エッジと成長

すでに述べたように、ウェルチは膨大な時間と労力を注いで、GEのハードウェアとソフトウェアを整えていった。容赦なくコストを削減し（人件費も含め）、無数の事業部門のあいだにシナジー効果・経済効果を生み出す道を探した。

ウェルチがトップの座に就いた時、GEの売上高は約二五〇億ドルだった。退任時には、年商一三〇〇億ドルの企業になっていた。だが、GEに関してあまり知られていないことは、ウェルチ時代のGEにおいて、買収を除いた事業そのものの成長率は、平均で年一〇パーセント以下だったという点である。この大きな差をつくった原因は何か。これはつまり、ウェルチ時代に行われた猛烈なペースでの企業買収が、GEの成長を推進する原動力となったということなのだ。

なぜ、エッジを主題とするこの章で企業買収について論じるのか。それは、いま示した数字を見ればわかるように、既存のルールに従ったプレーだけでは、ほとんどの場合（たとえ既存のルールに従って断固たる行動をとっても）大いなる飛躍を実現するには十分ではないからである。GEのような巨大名門企業であればなおさらである。ウェルチはこの問題を見極め、あっさりゲームのルールを変えてしまったのだ。彼が新しいゲームに持ち込んだのがエッジである。それによってウェルチは、事業そのものの成長を重視して企業買収を避けるという一世紀にわたる伝統を覆したのである。

死活問題となる意思決定を避けることはできない。エッジを備えたリーダーは、真正面から取り組まなければならない。最優先課題は、ドラッカーが投げかける問いに答えることだ。「我々のビジネスとは何なのか。それは何であるべきなのか。我々は戦略を遂行するリソースを持っているのか」。ウェルチなどのようにエッジを備えたリーダーなら、イエス／ノーを明確にし、「たぶん」を避ける方法を心得ている。

ウェルチ時代のGEは、一二〇〇件以上という驚異的な数の企業買収を実施した。太字で表記しておいても、この数字の大きさは実感できないかもしれない。しかし、一〇〇〇社を超える企業が綿密に調査され、買収され、GEと同化していったのである（そして恐らく、検討対象となりながら何らかの理由で見送られた案件は、これよりはるかに大きな数になるだろう）。

メディアは、失敗した買収にばかり注目する。二〇〇〇年にGEが買収提案を持ちかけたハネウェルについては、欧州当局により、反トラスト法に触れるとして阻止された。だが、失敗していない買収は一〇〇〇件以上もある。ウェルチが行った企業買収の大多数は非常に大きな成功を収めているのだ。こうした巨大な事業活動全体にわたって、うまくビジョンを維持し、それに沿って行動していくことができるというのは、（もちろんウェルチに限らず）GEのリーダーたちにとって必ず守るべき聖書の教えとも言える約束なのである。それは、GEのリーダーたちのあいだにエッジが深く定着していたという有力な証拠である。

では、実際に彼らはどうやっていたのか。ウェルチとGEは、どうやって買収すべき企業を見極めていたのか。ウェルチによれば、買収候補となる企業を評価する際に、すべてのマネジャーが考えるべき重要なポイントが四つあるという。

1. 買収対象企業は、利益が増大しているか
2. この企業を我々が経営していけるか
3. 企業文化の相性はどうか
4. この事業を成長させられるか

この基本的な四つの問いはとてもシンプルだが、当然ながら、必ずと言っていいほど現実はもっと複雑なものだ。こうした質問に対する答えは、解釈の余地が広い。多くの場合、最も答えにくい質問は企業文化の相性である。両社の合併に先立って答えを出すのは非常に難しいからだ。多くのマネジャーは、不幸な合併は生産性を阻害し、士気を損ない、何年にもわたって企業の足を引っ張ることを思い知らされている。

〈コラム〉エッジを備えたCEOが考える企業買収・合併

シスコシステムズCEOのジョン・チェンバースは、ウェルチのファンを自認している（お

互いに敬意を持っており、ウェルチはかつて、GEのマネジャー・ミーティングで部下たちのために講演してくれるよう、チェンバースを招いたことがある)。チェンバースは、シスコの製品ラインを管理する際にウェルチ流のナンバー1／ナンバー2戦略を採用しており、この戦略はチェンバースが企業買収を通じてシスコを成長させる際に大きな役割を果たしている。

シスコは、ウォール街でもてはやされるインターネット時代の花形企業としての地位を回復したわけではないが、チェンバースはなおCEOの座を保っている。それは、彼が難しい決断を下してきたからだ。ドットコム・ブーム破綻の余波が残るなか、彼は一万人近い人員を削減し、二〇億ドル分の在庫を圧縮し、製品ラインを二〇パーセント整理した。これによってシスコの純利益は、二〇〇〇年代初頭にナスダック銘柄やインターネット銘柄が暴落して以来、最高の水準に達している。

チェンバースには、始末に負えない下降局面を切り抜けるためのエッジが十分に備わっているが、企業買収においても実に印象的な実績を残している。シスコが最も盛んに企業買収を繰り返していた時期、チェンバースは買収候補企業を評価する際の彼なりの基準を公表している。

1. 共通のビジョン
2. 短期的な成功
3. 長期的な戦略上の優位

4. 相性のよさ
5. 地理的な近接性（特に大規模な買収の場合）

〈コラム〉エッジ指数をテストする

あなたには、エッジがあるだろうか。ほぼ必ずと言っていいほど、自分自身を評価するよりも他人を評価するほうが簡単である。とはいえ、現実を直視せよというウェルチの教えに従うことが常に最善である。では、次の10項目の質問に答えてみよう。

1. 非常に厳しいものであっても、たいていの判断を迅速に下せるか
2. 問題に真正面から取り組む傾向があるか
3. 毎日出社した時に、状況に応じて自分にとっての優先課題を調整しようという意欲があるか
4. 変化にうまく対応できるか
5. あなたは行動的なマネジャーか。つまり、日常的に新たなチャンスや新たな市場などを見極めているか

6. 業績不振の者を排除しているか
7. 計算済みのリスクをとっているか
8. 直属の部下に、リスクをとることを奨励しているか。物ごとが計画どおりに進まなかった場合でも、何かポジティブなフィードバックを提供しているか
9. 直属の部下が任務を果たせなかった場合、まっすぐにその部下の目を見て真実を告げているか
10. 自分の担当分野で問題が発生した場合、その責任やオーナーシップを引き受けているか

以上の質問のうち、少なくとも7つにイエスと答えた人は、エッジを備えたマネジャーである可能性がある。5つ以下の人は、まだやるべきことがある。エッジを備えたマネジャーの養成という点では、組織によって巧拙がある。もしあなたの上司が、あなたがリスクをとって失敗したことを責めるならば、あなたも自分の直属の部下に対して同じように振る舞う可能性が高い。自分の権限の及ぶ範囲内の物ごとを改善することに集中しよう。エッジの点で自分に適性がないと感じたら、専門的職能を伸ばすほうにチャンスを求めるべきだ。

4Eリーダー　チェックリスト

□曖昧さに耐えられる、微妙な違いを理解するリーダーを採用する

今日のような急速な変化と複雑性の時代には、新たな環境への理解力があるマネジャーがいたほうがよい結果が出るだろう。この領域における個人の能力を推測するには、最低でも、新たな志願者にぶつけるべき質問をいくつか用意しなければならない。その志願者が、曖昧さや矛盾にどれだけ対応できるかが明らかになるような質問である。

□マネジメント・ツールとして差別化を活用する

従業員もマネジャーも、全員が同じようにできているわけではない。なかには、こうした厳しい現実を否定して、ウェルチの言う偽りの優しさを発揮する者もいるが、4Eリーダーなら、Aプレーヤーを引き留めCプレーヤーを解雇することが、成功するビジネスを構築する最善の方法の一つであることを知っている。

□新興企業のような反射神経を養う

大規模な企業は、特に意思決定に関しては不利な立場に置かれる場合が多い。自分自身も同僚たちも、もっと行動を早くすることを課題にしてみよう。何か重要なことをするために、不必要な処理や書式、認可が求められていないか書き出してみよう。街角の食料品店が馴染み客をよく知っているように、部下たちが自らの顧客について十分に知るようにしよう。部下が顧客を本当の意味で知らなければ、彼らは顧客がいるのが当然と思ってしまうだろう。しかし、競合他社はそうは考えない。彼らは、そうした顧客を奪うためにあらゆる手を尽くすだろう。主要顧客にはじっくり時間をかけ、直属の部下一人ひとりにも同じようにさせよう。

□システムを簡略にする

パフォーマンスを阻害する障壁を根絶するだけでは往々にして不十分である。（事前の）許可を求めるよりも（事後の）寛大さを求めるほうが簡単な場合が多いと覚えておこう。時には、もっとよい方法を思いつくためにいつものやり方を拒絶する必要があるかもしれない。戦うべき場を選ぼう。目標は、どうすれば厄介な事務作業なしに、物ごとをよりよく、かつ迅速にできるのかを示すことだ。自分が何をやろうとしているのか、皆に知らせておこう。完全な透明性は必須条件である。そうすれば、こちらの動機が疑われることは一切なくなるからだ。もし、聖戦が正しいものであり、あなたが成功すれば（そして成功こそ雄弁なものはない）、会社がより迅速な反射神経を養ううえであなたの行動が貢献するかもしれない。

□ゲームのルールを書き換えるためにエッジ思考を活用する

ウェルチが会長就任にあたって、GEを動かす巨大なエンジンの性能を向上させ、それによって成長と収益性の改善を図りたいと考えていたのは確かである。しかし彼はすぐに、どれだけ微調整を繰り返し、事業ポートフォリオの整理を進めても、自分が構想していたようなストレッチ・ターゲットにはたどり着かないだろうと悟った。そこで、ウェルチが駆使したのがエッジ思考である。「広範囲で大規模な企業買収を通じて、前例のない成長を実現できるだろうか」

振り返ってみれば、その答えは断固たるイエスだった。とはいえ、GEが実際にやったように、こうした挑戦を構想し、その潜在的な可能性を実現できるのは、エッジを備えたリーダーシップ・チームだけなのである。

郵 便 は が き

人払

承認

163-8791

999

新宿郵便局 私書箱第266号

ダイヤモンド社
ダイヤモンド・サービスセンター
(定期購読係)行

www.dhbr.net

Harvard Business Review

DIAMONDハーバード・ビジネス・レビュー

ビジネスに行き詰まった、さらなる発展を考えたい…

こんな時、頼ってください。

答えはDHBR《DIAMOND ハーバード・ビジネス・レビュー》にあります。

ビジネスの課題	DHBR バックナンバー特集
・マーケティング戦略を熟知したい	「マーケティング戦略の再発見」
・プレゼンテーションを成功させたい	「提案力のプロフェッショナル」
・プロジェクトの推進力を高めたい	「プロジェクト・マネジメント」
・組織としての営業力を身に付けたい	「営業力のプロフェッショナル」
・反応の鈍い部下に困っている	「ファシリテーター型リーダーシップ」
・売上に対して利益が上がらない	「利益率の経営」

第4章

Execute
場外ホームランをかっ飛ばせ

第四のEを備えた人物は、物ごとを完遂する。
彼らは常に結果を出し、多くの場合は、
目標を達成するだけでなく、
当初の目標さえ影が薄くなるほどの成果をあげる。
彼らは、他の三つのEも、
成果をあげるために活用されるのでなければ、
ほとんど無価値であると理解している。

長年、GEでは三つのEしか考えられていなかった。一九九八年になっても、ウェルチの文章には依然として三つのEしか見られない。だが、ウェルチは自分の信条には何か欠けている要素があると感じはじめていた。多くのマネジャーはエネルギー、周囲を元気づける、エッジといった要素をふんだんに持っているにもかかわらず、依然として数字を出せなかった。こうして、第四のEが追加され、4Eリーダーというコンセプトが完成するのである（脚注：第8章でおわかりいただけるように、この第四のEを思いついたのが誰かという点は意見が分かれるかもしれない）。

ジャック・ウェルチが成功を収めた理由の一つは、成り行きに任せることがほとんどなかったからである。多くの点で、ウェルチは天性のリーダーであり、他の多くのマネジャーを困惑させるようなこともあっさりと受け入れていたが、同時に彼は、リーダーとは生まれつきのものではなく「つくられるものだ」と信じていた。ウェルチは、どうすれば最も優れたリーダーができあがるのかを知りたがっていた。なぜ、一部のリーダーは傑出しているのに、他のリーダーは何とかサマになる程度なのだろうか。

ウェルチは、この点や、関連する問題について際限なく考え続けた。そして、自分自身が投げかけた問いに対する答えを、さまざまな視点から眺めてみようと心がけた。そうした視点の一つの例が、五つの質問というフレームワークである。ウェルチは、自分が給料を払うに値するようなマネジャーなら、誰でも次の五つの質問に答えを出せるはずだと感じていた。

1. あなたにとって、グローバルな競争環境はどのように見えているか
2. 過去三年間のあいだに、あなたにとっての競合他社は何をやってきたか
3. 同じ時期に、彼らに対してあなたは何をしてきたか
4. 将来、彼らはあなたにどのような攻撃を仕掛けてくるだろうか
5. 彼らを出し抜くために、どのようなプランを持っているか

見たところ、こうした質問に説得力ある答えを出せるマネジャーは、自分の組織や競争環境をしっかりと把握しているようだった。しかし、ウェルチはさらに熟考したうえで、これらの質問に対する答えを知るだけでは不十分であると判断した。これらの質問に答えられるのに、それに見合った実践が伴っていないマネジャーは大勢いる。ウェルチは再びもともとの疑問に立ち戻った。最も優れたリーダーがあれほど有能なのはなぜなのだろうか。彼らは何をやり、何を考えているのか。彼らのリーダーシップにおけるベストプラクティスのうち、他の者にも真似できることは何だろうか。

こうした質問に答えるため、ウェルチは（ビル・コナティ率いる）人事担当チームとともに、GEで最も有望なバイス・プレジデントクラスの幹部二〇人をフェアフィールド本社に招いて、リーダーシップについて討論した。最終的には、このミーティングで得られた成果を、世界中のGEマネジャー数千人のあいだで共有する予定だった。

集まった幹部たちは、リーダーシップにおける重要なポイントの一つは、今後の昇進を気にかける

より前に、いまの職務に熟達することだという結論に達した。人事担当のシニア・バイスプレジデントであるコナティは、「将来について考えるのはたいへん結構だが、いまの仕事で場外ホームランをかっ飛ばしてから将来を考えるほうがずっといい。現在担当している仕事を、いままでの誰よりもうまくやることが重要だ」と述べている。この幹部グループが出した結論はすべて、「成功した幹部からのアドバイス」と呼ばれるプレゼンテーションで発表された。グループは、最もすばらしい貢献をするリーダーは、以下の六つの領域で傑出している人物であるとの結論に達した。

●業績
●専門能力
●オーナーシップ
●挑戦と可視性
●メンター／ロールモデルとしての役割
●グローバルな経験／文化的な寛容さ

◉――業績

先に述べたように、業績をあげるための鍵は、いま担当している職務において活躍することだ。マネジャーのなかには、野心を剥き出しにしている者もいる。しかし、こうしたタイプは、ウェルチが率いる組織で活躍するようなリーダーではなかった。野心は、当然ながらよいものである。いや、必要であるとさえ言える。だが、野心を実現する最善の方法は、昇進の道を画策したり、私利私欲に走ったりすることではない。現在担当している仕事を、いままでの誰よりもうまくやることが最善の道である。優れたリーダーは場外ホームランをかっ飛ばしたうえで、初めて、次の仕事や昇進について考えはじめるのである。

●――専門能力

ウェルチは、興味半分で何かに手を出してもダメだと考えていた。彼の考えでは、特定の能力や一連のスキルに習熟することは非常に大切である。それができれば、次に、自分の専門能力を、部門横断型・多部門参加型のチームなど社内のもっと大きな状況において活かす道を探すことが課題となる。シックスシグマにとりかかった時、ウェルチはGE社内で、どの競合他社よりも多くの専門家（マスター・ブラックベルト）を養成することに意を注いだ。ウェルチが要請すれば、GEのマネジャー数百人がそれに応えて新しいスキルを学び、新しい任務を引き受けた。ただしそれは、彼らが特定の領域（機能その他）における専門能力を確立したうえでの話だったのである。

◉──オーナーシップ

この場合のオーナーシップとは、自分自身の運命について責任を持つこと、という意味合いである。自分自身のスキルを磨き、成長させていくのは、各個人の責任である。ウェルチは、「自分について説明できるようにせよ」とアドバイスしていた。それこそ、まさに責任の所在するところだからだ。自分がどれだけ働きすぎか、どれほど皆の感謝が足りないかなどと不満を言ってはならない。不平不満によって昇進や周囲からの評価が得られた例はない。少なくとも、そういう不平不満を口にする人間が望んでいたような評価は得られない。ウェルチは、学習する組織をつくり上げなければならないと堅く信じていた。しかし彼は同時に、社員たち自身が学習に積極的になり、絶えず自分自身の改善、発展を求めていかなければならないとも考えていた。そこでウェルチはマネジャーたちに、肩書きや昇進ではなく、知識や新しいスキルを蓄積していくよう促したのである。

◉──挑戦と可視性（見える化）

ウェルチは、マネジャーたちに自分のキャリアを賭けて攻めるよう促していた。ふんぞり返って、物ごとが起きるのを待っていてはならない。物ごとが起きるよう、働きかけるのである。簡単な任務ではなく、困難な仕事を求めるようにしよう。本当の違いを生み出すようなこと、ビジネスにとって最も大切な任務をやるようにしよう。野心があれば「見える化」や周囲からの評価が欲しくなるだろうが、これこそが、その最善の方法なのだ。

◉――メンター／ロールモデルとしての役割

学習する組織というコンセプトを掲げるだけに、ウェルチはメンターという考え方を強く支持していた。たとえば、イギリスにおける保険事業の一つでは、マネジャーたちが若手のメンターを活用し、逆に年長のマネジャーたちにインターネットについて教えているという話を聞くと、ウェルチはそのアイデアを強く支持した。このやり方はリバース・メンタリング（若手が年長者に教える）と呼ばれ、米国でも、ウェルチや上層部のマネジャー一〇〇〇人がこのモデルを活用するようになった。通常は、若手の社員が年長の社員から学習する。だが、テクノロジーが急速に変化する時代、また境界のない組織という文脈においては、その逆のパターンこそが正しいということも十分にあり得る。マネジャーは、互いにその役割を交換して、生徒にもなり、教師にもなるという姿勢でいなければならない。

◉──グローバルな経験／文化的な寛容さ

ウェルチは、グローバリゼーションへの取り組みを一九八七年に開始した。これは、他の多くの企業がグローバリゼーションを一つのイニシアチブとして取り上げようと考えるよりも早かった。ウェルチはGEを国内企業であるとは考えていなかった。世界全体がGEの市場であると考えていたのである。彼はマネジャーたちに対して、他国での任務を模索し、安全地帯から無理にでも飛び出すよう求めた。彼は異文化における任務を推奨した。それは個人にとって、まったく新しい能力を学習し、また逆に教える機会を与えてくれるからである。

多くのマネジャーのなかで実行力についてより深く理解していたのが、ロバート・ナーデリである。第8章で検証するように、ナーデリはホームデポのCEOとして着任して以来、一瞬たりとも実行力というテーマから注意を逸らしていない。彼は、有効な実行力の鍵となるのは、リーダーシップのあらゆる側面に同時に対応する能力があるか否かだと理解していた。

毎年続けて、安定した業績を繰り返しあげることを可能とするのは、戦略と人、そして健全な財務という組み合わせであると私は考えている。私だったら他企業のCEOに対して、戦略を策定し、それに必要なリソースを用意したうえで、その戦略をオペレーション上で実現するよう勧めるだろう。

また、ナーデリは、敵が何者であるかを知っていた。「私たちは常に外部を見ていなければならない。さもなければ自己満足に陥ってしまう。自己満足は傲慢さにつながる。傲慢さが生まれれば、失敗への悪循環に陥る。だからこそ、毎日気合いを入れ続けなければならない。私たちは、成長こそ持続可能性の基本だと話している。成長がなければ縮小してしまう。ビジネスには現状維持なる言葉はない。変わらないためには、変化し続けることだけだ」

研究分野としての実行力

第2章で述べたように、ウェルチの友人で元GE副会長であるラリー・ボシディと、コンサルタントで著述家のラム・チャランは、全米ベストセラーとなった『経営は実行——明日から結果を出す鉄則』によって、リーダーシップに関する知見に寄与している。この著作によって、実行力は、それ自体として研究するに値する独立した研究分野として確立されたのである。

ボシディとチャランは、実行力それ自体が解明すべき対象であると説明している。実行力の本質とは、マネジャーが自分の戦略に織り込んでおくべき一連の振る舞いとコンピテンシーである。またボシディとチャランは、実行力は成功のために必要不可欠な要素であるとして、実行重視の企業文化がなければ、企業は真の競争優位を維持するのに苦労することになると述べている。

ボシディとチャランは、失敗に終わる企業戦略の多くは、主として実行段階がお粗末なせいで失敗すると書いている。組織が一貫性を持って戦略を実行できるのは、適切な文化・慣習・報酬制度などが企業の構造のなかに深く根づいており、しかも経営上層部が継続的に関与し続けている場合だけである（戦略の実行については「権限移譲」は不可能である）。ボシディとチャランは、他のプログラムに会社の貴重なリソースを使いながら、戦略実行を無視しているマネジャーは、基礎も築かずに家を建てようとしているのだと主張している。

戦略の実行とは、方法と対象を厳しく議論し、問い直し、ねばり強くフォローし、説明責任をきちんと持ち続けるというシステマティックなプロセスである。

ボシディとチャランは、これ以外にも、実行に関する重要な真理をいくつか見出している。第一に、実行重視の企業文化で大切なのは対話を適切に行うことであり、それはトップダウン式に主導されるものである。リーダーは、非常に尋ねにくい問いでも口にしなければならない。実行重視の企業文化には、（適切な目標設定、適切な戦略策定、率直さ、報酬制度、規範、価値観など）多くの要素が絡んでおり、しかも、企業に深く根づいたものでなければならない。こうした重要な課題やシステムに組織がどうアプローチするかによって、その組織の実行ぶりが左右されるのである。

優れた実行に対して報酬を与えるには、まず、パフォーマンスを測定する必要がある。社員たちが自分のパフォーマンスを量的に把握し、その事業部やユニットが望ましいパフォーマンス水準で実行しているかを判断するには、ストレッチ・ゴールが必要である。これをよく物語っているのが、GEに入社してまもない頃のウェルチのエピソードである。

ウェルチはGEに入社して数年間、小規模なプラスチック関連事業に従事していた。後年、この時期のことを振り返ったウェルチは、この比較的取るに足らないオペレーションが、GEのすべての事業が模倣すべき手本を示していたとの結論に達した。官僚主義や肥大化した組織とは対極にあり、スピードと興奮、同志意識に溢れ、業績も上がっていた。

このプラスチック関連の研究部門では、業績はすべて数量化可能な目標に結びつけられていた。たとえばウェルチや彼の属するチームが五〇〇ドル分のプラスチック・ペレットの注文を受けると、成約を祝うために皆でビールを飲みにいった。また、五〇〇ドル以上の顧客の名前を壁に貼り出し、五〇〇ドルクラブと名づけていた。そして彼らは、五〇〇ドルクラブに貼り出される名前が一〇件増えるたびに、これを祝っていた。

確かに、これは業績志向の企業文化が実現している状況としては、かなりささやかな例である。しかしこうした習慣は、ウェルチが年商二六〇〇万ドル規模のプラスチック事業をつくり上げるうえで役に立った。そして、彼がGE史上最年少（三二歳）のゼネラル・マネジャーに就任するうえでも役に立ったのである。

〈コラム〉実行の一例：フォード・マスタング

優れた実行の一例が、一九六〇年代初頭のフォードのマスタングの開発である。この新車の誕生の立役者となったのが、リー・アイアコッカだった（当時の彼はフォードの新任ゼネラル・マネジャーであり、クライスラーを倒産の危機から救うという有名な役割を果たすのは何年も先の話である）。マスタングを成功させるために、アイアコッカがまずやらなければならなかったのは、当時開発中だったカーディナルという車種にこだわるヘンリー・フォード二世（業界ではハンク・ザ・デュースと呼ばれている）を思いとどまらせることだった。

フォードは、すでにカーディナルの開発に三五〇〇万ドルをつぎ込んでいた。だが、アイアコッカは、カーディナルは失敗作であり、フォードとしてはまたエドセルのような大失敗を繰り返す余裕はないと堅く信じていた。どんな新車でも、成功するためには若者に（アイアコッカの見るところ、その頃形成されつつあったヒップな市場に）アピールしなければならない、というのが彼の主張だった。歯に衣着せぬアイアコッカは、ついに経営トップを説得してカーディナルを諦めさせた。これは重要な決定だった。これによって、フォードのマスタングへの道が拓けたのである。

アイアコッカは、若者向け市場の爆発的な成長に自信を持っていた。調査では、一九七〇年までにこの市場の規模は二倍になると予想されていた。アイアコッカは、失敗に終わったエドセルの場合とは異なり、若者向け市場は自分に合ったクルマを探している市場であると理解していた。自分のビジョンを現実のものとするため、彼は最終的な製品がどのようなものになるか描き出した。すばらしいスタイルと力強い性能、そして低価格である。それだけでなく、彼はそのクルマのキャラクターを詳細につくり上げた。金曜の夜には地元のクラブに行き、土曜日にはドラッグカーレースの会場に、日曜日には教会に乗りつけられるようなクルマである。

うまい話に思えたが、フォードはなおエドセルの失敗を引きずっており、もう新車の大失敗にはかかわりたくないと考えていた。

また、マネジャーたちは、新車によって既存の車種の販売が食われてしまうことを恐れていた。だがアイアコッカはひるまなかった。自動車市場が数年のうちに大きく変動すると確信していた彼は、超一流のメンバーによるチーム（フェアレーン委員会）をつくり、差し迫った激動をどう利用するか解明しようとした。

アイアコッカは、自分の夢の新車の発表を一九六四年のニューヨークでの万国博覧会に設定していたが、時間がどうにも足りなくなってきた。この期限を守るため、彼はデザイナーに対し、実現可能なデザインをわずか一四日以内にまとめるよう頼んだ。どう考えても、厳しいストレッチ・ゴールであった。

こうして発売されたマスタングは、初日から大ヒットとなった。一九六四年四月に発売されると、フォードのショールームはまるで映画の群衆シーンのような混雑となった。テキサス州のあるショールームでは、ウィンドウに飾られた一台のマスタングを争って、一五名の顧客が入札する騒ぎとなった。発売から最初の二年間で、マスタングは一一億ドルの純利益を稼ぎ出した（一九六〇年代の貨幣価値で、この額である）。驚くべき成功だった。

マスタングの誕生は、豊かなEを持つリーダーが、どのように望ましいできごとを実現させるかという古典的な事例である。アイアコッカは疲れを知らないマネジャーであり（エネルギー）、自分の将来ビジョンに賛同するよう他の者を説得する力を持っていた（元気づける）。この場合、そのビジョンとはある製品（マスタング）のために別の製品（カーディナル）を捨てるというものだった。彼の辞書には「たぶん」という言葉はなかった（エッジ）。彼は信じられないほど熱心に自分のビジョンの実現に動いた。そして、驚くほどの利益を実現することにより、誰の想像をも超えた成功を収めたのである（実行）。

マスタングは何度か見捨てられたが（つまり、何年にもわたって新型が誕生しなかった）、二〇〇五年にはまったく新しい洒落たデザインになって再登場した。これもまた実行について一つのことを証明している。つまり、優れた実行の効果は、それを行った人物が企業を離れて長年経ってからでも感じられる場合がある、ということだ。

実行重視の企業文化を構築する9つのステップ

ウェルチの五〇〇ドルクラブは、小規模な企業や事業部において実行重視の企業文化を構築する優れたテクニックの一例である。しかし、広範囲で多種多様な事業部やユニット、マネジャー、部署、報酬制度などを抱える大規模な組織で、こうした文化を構築するとなると、これははるかに複雑な課題となる。

まず、出発点はトップの最高経営責任者である（独立性の高い、あるいは完全な独立性を有する子会社の場合には、その事業部門のトップ）。もちろん、どのような出発点かによって事情は大きく異なる。しかし一般論として、実行重視の企業文化を構築する際の鍵の一つは、フォーチュン五〇〇レベルの企業において企業文化を変えていくには、何年もかかるということを認識することである。一つの企業を一夜にして変身させてしまうような応急処置や魔法の薬など、一切存在しないのだ。

以下のステップは、GEの企業文化における、二〇年に及ぶ深く困難な改革をまとめたものである。ウェルチがやってきたことについては、歴史上どのCEOと比べても、完全かつ優れた記録が残されている。以下の主題の一つひとつが、それぞれ一冊の著作のテーマに値するだろうし、実際、いくつかはそうした著作が現れている。

ステップ1●パフォーマンスが企業としての重要な優先事項であることを確認する

ウェルチは会長に就任した初日から、ナンバー1／ナンバー2戦略がGEにおける新たなパフォーマンスの基準となることを周知徹底した。その後、「三つの円」、再建・閉鎖・売却といった命令が発せられた。この三つが合わさることにより、強力なメッセージが発信された。いまや実行こそが物ごとの新たな秩序であり、会社の成功に貢献できない事業や個人はGEにとどまることはできないというメッセージである。

一部には、ウェルチは冷酷で近視眼的であり、水準に達しない事業（及び社員）を切り捨てても何も感じないと批判する声もあった。だが、ウェルチはこれよりも弱腰なやり方は受け入れがたいと確信していた。顧客が満足していなければ雇用の確保などあり得ず、ダメな企業（もしくはやる気のない従業員）には、顧客を満足させることなどできない。健全な成長企業だけが、雇用を提供し、地域社会に貢献し、従業員やマネジャーの個人的な成長を育めるのである。

ステップ2●企業として、自らを定義するような価値体系を持つようにする

ハードウェア面での決定とリストラクチャリングは、GEを成長可能なポジションに据えるには役立ったが、GEに魂を授けたのは、社内に共通する価値観だった。企業は一社一社どれも異なる。ある組織を最もうまく説明する価値観は何か――それがわかれば、従業員と顧客の双方がその価値観に

基づいて自社を認識してくれるような、そうした定義ができるはずだ。そして、単なる言葉以上の価値を持つためには、その価値観は本物でなければならない。

誠実さ、境界のなさ、変化をチャンスと見なす、どこから生まれたアイデアでも歓迎する、官僚主義を排する、ワークアウト／シックスシグマに力を注ぐ、グローバルな考え方をする――これらはGEを他の企業と区別する価値観であり優先事項である。ここでのポイントは、自分の組織にとっていちばん大切なことを見つけ、それを野火のごとく社内全体に広めることである。さらに、こうした価値を強化しよう。こうした価値にこだわることが組織に参加するための入場料なのだと全員に周知徹底することだ。

ステップ3●実行にふさわしい組織をつくる

ウェルチは、早い時期から社内の階層を減らしていった。混乱を招く複雑さがあまりに多く、マネジャーの数も多すぎれば官僚主義も行きすぎているとウェルチにはわかっていた。彼は、マネジャー一人が担当する部下の数を二倍にした。ウェルチが会長に就任した頃、GEのマネジャーはたいてい直属の部下を六人抱えていた。ウェルチから見れば、これはあまりにも少なすぎた。こんな比率では、マネジャーがミクロマネジメントに走ってしまう。管理の範囲を広げることによって、ウェルチは実質的に、マネジャーが一般社員たちに煩わしくつきまとうのをやめるよう促したのである。これはウェルチが、境界のなさという理想にとって決定的に重要だと考えていたことだった。

またウェルチは、各事業のオーナーシップが、戦略プランナーではなく、その事業部のリーダーに委ねられるように配慮した。階層を減らし、各マネジャーに直属する部下を増やし、事業をそれぞれのリーダーに任せることにより、彼は組織構成上、分権化をテーマとするような組織を構築していった。いまにして思えば、これは決定的に重要な動きだった。どこか遠く離れた本社から支配しているだけの経営では、その血管に変化の血が流れているような機敏で迅速な企業は育たないのである。

ステップ4●差別化を活用して、Aプレーヤーを昇進させ、Bプレーヤーを引き留め、Cプレーヤーを解雇する

ウェルチによれば、GEの企業文化を変えていくための最も重要なツールの一つが差別化だったという。どんな組織でも、ウェルチの言う「偽りの優しさ」を捨て去らなければならない。偽りの優しさは、社員に本当のことを告げない。ある社員が期待どおりの働きをしていないことが骨身に沁みてわかっているにもかかわらず、こういう組織はその社員を雇い続ける。しかし真の課題とは、チームを評価する公正な方法を開発することにあるのだ。それが、A、B、Cのプレーヤーを峻別することなのである。

ステップ5●実行を報酬制度の重要な柱にする

賞与やストックオプション支給の基準が、年功序列ではなく、実行面での重要な目標を安定して達

成しているか否かであることをマネジャーに徹底しよう。非常に大切な課題の一つは、報酬制度に対する社員の強い支持を確保することである。これは、業績評価の適切な指標がない、あるいは、パフォーマンス重視の文化が根づいていない組織では、非常に困難になる。あなたの企業が差別化やしっかりした業績目標の設定を避けているのであれば、先に進む前に、まずステップ1〜4に立ち返って、これらをしっかり確認する必要があるかもしれない。

ステップ6●ワークアウトや、これに類した企業文化面でのイニシアチブを活用し、組織の構造に率直さと信頼を浸透させる

といっても、まずステップ1〜4が実践されていなければ、これは不可能である。企業は、パフォーマンスを重視し、実行に向けた組織をつくり、雇用・解雇・昇進に関して一貫性を持っていなければならない。報酬・給与制度も、それらに合わせて調整されていなければならない。信頼とオープンさは偶然に生まれるものでもないし、一朝一夕に実現するものでもない。

まず、率直さと境界のなさを当然とするようなパフォーマンス重視の企業文化をつくっておかなければ、ウェルチといえども、シックスシグマなど、その他の重要なイニシアチブに着手することはできなかっただろう。ワークアウトが全社的に実施されるようになったのは、ウェルチがCEOの座に就いてから一〇年も経った後のことである。一九九二年までに、少なくとも一回はワークアウトに参加したことのあるGE従業員は二〇万人以上に達していた。

ステップ7●社内で最も優秀なリーダーを養成・訓練する

クロトンビルは、GEのマネジャーたちの心と魂を結集させる中心地となった。ウェルチが会長兼CEOに就任する以前のクロトンビルは、GEにおける二流市民だった。実際、最も優秀なマネジャーたちはクロトンビルを避けていた。彼らは、クロトンビル以上だったのである(ウェルチ自身もCEO就任以前にクロトンビルでの講座に参加したのは一度だけだったことを思い出していただきたい)。だが、ウェルチはそうした状況を全面的に変えてしまった。やがてクロトンビルは、GEで最も優秀な人間のみが招かれる場所へと変わっていったのである。

だが、組織において最も有意義な研修が行われる場は、教室ではない。だからこそ企業は、毎日、組織の至るところで対話や非公式なミーティングが発生するようにしなければならないのである。新たなアイデアを育み、新しいプロセスや製品を実験する——何であれ、基本的に学習を促すものは、奨励され、大切にされなければならない。そして最後に、組織における最も優れたアイデアをピックアップして、それを行動のベースとなり得るものへと転換していくプロセスを導入しなければならない。

ステップ8●実行に重点を置くオペレーティング・システムを確実に導入する

クロトンビルは、GEのオペレーティング・システムの一部でしかない。クロトンビルの他にも、ボカ・ラトンで毎年行われるマネジャー・ミーティング、四半期に一度のCECミーティング、セッションCなど、入念なミーティングや業績評価のシステムがGEには存在していた。これらはすべて、GE社内全体で毎日行われる非公式なミーティングや対話と同様に、GEのパフォーマンス重視の企業文化を、その企業としての魂に深く染みこませていったのである。

GEのオペレーティング・システムは、グローバリゼーションやシックスシグマといったウェルチ時代の全社的なイニシアチブやGEの価値体系などをすべて補強していた。ウェルチがよく講演や著作で述べていたのは、グローバリゼーションは、GEのオペレーティング・システムを一四回通過したということである。これはつまり、グローバリゼーションという主題は、一四年間にわたって、ミーティングや業績評価システムの重要な部分を占め続けたという意味である。

ステップ9●不振事業や、業績の振るわない社員を絶えず選別する

ウェルチ時代のGEのような組織では、業績の振るわない者が居続ける場所はない。彼らは最終的に組織をダメにしてしまう。キャリアを無駄にするだけで、見るべき業績も残さずに何年も居座っている者を探し出そう。真の実行のためには、一貫して期待を上回っているような社員が必要になる。これは最も難しい課題ではあるが、同時に、最も必要なことでもある。

「毎年、底辺一〇パーセントを切り捨てる」という賛否の分かれるルールを通じて、ウェルチは同時に、自分がGEを強化しつつあるのだという重要なメッセージを送っていた。「このレベルで競争で

きないのであれば、もはやＧＥの社員ではない」。この方針は、まるで避雷針のように厳しい批判を集めることになったが、ウェルチは、これが必要なステップだと考えていた。スポーツにおいては、最も成功するチームは、最も優秀な選手のみを残しておくのだ。

失敗する11の原因とその対策

ウェルチは、人がなぜ成功したのかという理由も追求したが、同時に、ＧＥにおいて、一部のシニア・マネジャーがなぜ失敗したのかという理由も知りたがった。

ここまで読んでこられた読者は、ウェルチの世界における失敗の理由の多くはかなり明白なのではないかと感じているだろう――成功しないリーダーは、他人に刺激を与えず、会社の価値観を信奉せず、直観の点でも劣っており、壁を壊すよりも壁を築き、恐怖や強迫を用いて部下を指揮しようとする、といった具合に。

以下に述べるのは、ウェルチと彼の率いるチームが見出した失敗につながる原因と（言葉遣いはわかりやすくしてある）、その対策である。

原因1●任務との不適合

ウェルチの言う「下手な俳優」である。企業としての信念や価値体系に即した形での行動やリーダーシップを発揮できない。

【対策】価値観を教え込むのは難しい。シニア・マネジャーのなかに、企業としての価値観を信奉していない者がいれば、なるべく早く排除すべきである。さもないと、同僚や直属の部下にそうした姿勢が伝染してしまう恐れがある。

原因2●組織構成のまずさ

ウェルチとGEは、これを組織コンセプトの誤りと呼んでいる。階層が多すぎ、構造が間違っており、期待が不適切で、成功のために必要なものを各ユニットに与えていない。こうした原因はすべて、マネジャーの行動を脱線させてしまいかねない。

【対策】組織図を簡素化する。人事担当のシニア・マネジャーと協力して組織の再編に取り組み、階層を減らしていこう。意思決定を加速するために決裁システムの一部を改良するのもよい。

原因3●誤った選択

組織は、時として不適切な人材を昇進させてしまう。完璧な人間などいないから、マネジャーがキャリアのなかで一度か二度は誤った選択をしてしまうのは避けられない。

【対策】この問題を解決する第一歩は、誤った選択をきちんと認識することだ。それができれば、あとは、誤って昇進したマネジャーを解雇するか、場合によっては、彼／彼女のために本当にふさわしいポストを見つけてやる。しかし、後者のアプローチを選ぶ場合は注意が必要だ。そのマネジャーを単に他の場所に異動させるだけでは、問題をますます厄介にしてしまう可能性がある。

原因4●目標に大胆さが欠けている

こうしたマネジャーは、元気づけるリーダーとしての能力が足りない。他人のやる気を起こさせる、ビジョンを明確に示すといった点がうまくできないのである。

【対策】これは欠点ではあるが、致命的なものではない。マネジャーのなかには、同僚や直属の部下からどのように見られるべきかをなかなか理解できない者もいる。このタイプのマネジャーに対しては、非常に具体的なアドバイスによる指導が効果を発揮する場合がある。また、自分が仕切るミーティングに数回招いて、自分がどうやって他人を動かしているかを見せてやるのもいいだろう。

原因5●出発点の間違い

マネジャーのなかには、間違った第一歩を踏み出したせいで、一貫して後れをとってしまう者もいる。陸上競技の選手が、ライバルが一〇〇メートルも先行してから、ようやくスターティング・ブロックを離れるようなものだ。

【対策】これもなかなか解決が難しい問題だ。マネジャーのなかには、ただ圧倒されてしまい、決して追いつけないように見える者もいる。まずは、こうしたマネジャーとじっくり話し合って問題を整理することだ。話し合いのあと、彼／彼女には現状維持以上のことはできないと判断した場合には、解雇するか異動させる以外の選択肢はない。だがこの場合も、前述の原因3において述べたものと同じ警告が当てはまる。

原因6●適応できない

矛盾や変化と折り合いをつけていく能力を持つことは、学習する組織における必要不可欠なスキルである。適応力のあるマネジャーもいるが、そうでないマネジャーもいる。大切なのは、致命的な欠陥を修正する能力を持つことだ。

【対策】こうした能力も、やはり教えるのは難しい。しかし、この状況に対処する唯一の道は、正面から取り組むことだ。問題となっているマネジャーとじっくり話し合い、何が行われていないかという点に関して非常に具体的なフィードバックを提供しよう。しかし、そのマネジャーが建設的な批判に対してオープンな姿勢をとらなければ、彼／彼女が状況を好転させることは恐らくできないだろう。

原因7●踏み切れない

他の面では豊かなスキルを持つマネジャーでも、重大な決断を下すことに非常に苦労する場合がある。しかし、それが彼らの職務なのだ。マネジャーたるもの、時節が訪れれば「引金を引く」心構えを持たねばならない。言葉よりも行動が求められる。必要な状況においては、（たぶんではなく）イエス／ノーをはっきり言えなければならないのだ。

【対策】人の採用であれ、契約の締結であれ、企業の買収／売却その他何であれ、一部のマネジャーは、大きな失敗を犯すことを心配している。これを正す最善の方法は、そのマネジャーに、リーダーとして私は、誠意ある失敗を理由にあなたを罰することはない、と知らせてやることだ。そのマネジャーには、常に一〇〇パーセント正しい必要はないが、正しい判断をすることで、少しでもその可能性を高めなければならないと告げよう。

原因8●焦点が定まらない

焦点のぼけたマネジャーは、木と森の区別をつけるのが下手である。こうしたマネジャーは、データや情報を、結果に変換する能力が欠けている。

【対策】この場合もコーチングが必要である。マネジャーのなかには、何が重要なのかを理解する際に手助けが必要な者もいるかもしれない。こうしたマネジャーには、ウェルチの言うレバレッジ・ポイント、つまり、実際に状況の変化につながるような意思決定や行動などを示してやる必要がある。レバレッジ・ポイントを克明に記録し、その推移を監視するよう彼らに要請しよう。そうすれば、彼らの集中力も高まるだろう。

原因9●直観が冴えていない

これは、手持ちの情報が限られていると適切な判断ができないマネジャーである。こうしたマネジャーは、契約の締結その他の重要な判断に直面すると心が空っぽになってしまうように見える。

【対策】直観の冴えていないマネジャーを変身させる可能性がいちばん高いのは、最近の失敗をいくつか取り上げて、事後分析を行うことだ。また、このマネジャーに自分の仕事を学ばせるために会社に途方もないコストがかからないように、このマネジャーの判断を注意深く監視する必要もあるかもしれない。

原因10●エゴの問題

マネジャーのなかには、自分自身についての話題ばかり気にする者もいる。自分を大事にしすぎており、自分の行動に責任をとらないことも多い。彼らは、分別と価値観の点で問題がある人物である。

【対策】前記の原因1と同じく、これは多くの場合下手な俳優の事例である。エゴの問題の解決は決して容易ではなく、組織にとっては大きな負担になる可能性がある。こうしたマネジャーは、自分と衝突する者の士気を削いでしまう。こういう尊大なマネジャーのせいで、ユニットや部門を崩壊させてはならない。不愉快なマネジャーを排除することにより、問題に正面から取り組むべきだ。

原因11●動きが遅すぎる

ウェルチが掲げたもう一つが「切迫感」である。一部のマネジャー（たいていは、最初のE、つまりエネルギーが不足しているマネジャー）は、まるでスローモーションで動いているように見える。

【対策】この場合も、こうしたマネジャーを変身させるにはコーチングが必要になる。何が十分なスピードで行われていないか、もっとすばやく行動することが組織の成功のためになぜ大切なのかを建設的なやり方で指摘しよう。こうしたマネジャーと密接に協力して、彼／彼女がもっと敏速な反射神経を育めるようにしよう。

〈コラム〉●パフォーマンス・チェックをやってみよう

次のような質問について、まず考えていただきたい。これは、とうてい科学的調査と呼べる代物ではないが、こうした非公式なチェックにより、あなたの会社がパフォーマンス重視の企業文化の醸成という点で、あとどれくらい進まなければならないかが判断しやすくなるはずだ。

1. 社内のさまざまな階層の社員は、あなたのグループもしくは事業部で何が成功の基準とされているのか（たとえば売上高、純利益、在庫回転率など）を正確に知っているか
2. あなたの会社の価値観（指導理念）は明確に表明されているか。そして、社内のさまざま

な階層の従業員はその価値観を理解しているか

3. あなたの組織は、その価値観に忠実な者に報酬を与えることで、価値体系を補強しているか

4. あなたの組織は、変化に積極的に対応しているか

5. 現在の組織構造は、自らの業界に適しているか。つまり、その構造は、組織の一貫した実践を支えるものになっているか

6. 会社のトップ（CEO）と現場の社員（時間給労働者）を隔てる階層が6つ以下に収まっているか

7. あなたの組織では、意思決定が迅速に行われているか

8. あなたのグループでの権限ラインは明確に規定されているか。つまり、最終的な意思決定権限が誰にあるか明らかにされているか

9. 決定を下す者が、そのために必要なデータや情報にアクセスできるようになっているか

10. あなたの組織は、部門横断的なチームを活用しているか

11. 異なる部署（販売、マーケティング、製造など）のマネジャー間に良好な関係が築かれているか

12. 重要なパフォーマンス目標を達成したり、超過したことに対して、マネジャーは適切な報酬を得ているか

13. 実行重視の企業文化醸成に向けて、シニア・マネジャーが積極的に関与しているか（たとえば、あなたのグループに日常的に語りかけ、成功の基準となる数値を説明し、組織における優先順位について議論するなど）
14. あなたの組織は、パフォーマンスが最も優れた社員と最も劣る社員を格づけするような差別化のシステムを採用しているか
15. 通常、最も優れたパフォーマンスを示した者が昇給・昇進などの点で最も優遇されているか
16. 業績不振の者は、毎年の業績評価の際に排除されているか
17. あなたの事業部やグループは、日常的にストレッチ・ゴールを設定しているか
18. あなたのグループでは、重要なパフォーマンス基準や目標を達成もしくは超越した場合に、それを祝っているか
19. あなたの組織では、学習や研修に高い優先順位が与えられているか
20. あなた自身は、過去六か月のあいだに公式の研修プログラムに参加しているか
21. あなたの組織では、ミーティングや毎年の業績評価、あるいは対話（公式・非公式問わず）に対して必要なだけの関心が注がれているか
22. あなたの組織は昨年、何らかの種類のメンター制度を実施していたか
23. あなたの会社のマネジャーは、最も困難な任務を引き受けることにより、自らのキャリア

を賭けて攻めに出ているだろうか

24．あなたの組織は、中心となるマネジャーを国際的な重要ポストに任じることにより、知性のグローバル化を進めているか

25．あなたの組織のシニア・マネジャーは、豊かな4Eリーダーシップを備えているか

以上の質問はやはり、決して厳密な科学というわけではないが、何らかの強みや弱み、傾向を明らかにしてくれる。大多数の質問に対する答えがイエスならば、あなたは非常に積極的な企業で働いているということであり、そういう企業は恐らく大幅に勝ち越すだろう。逆に、イエスと答えられる質問が少ししかなければ、あなたの組織はこれから大変な苦労をしなければならないということだ。

参考までに、より詳しい採点基準をお知らせしよう。イエスと答えた数によって、次のような判定になる。

20個以上：あなたの組織は、実行に真剣に取り組んでおり、絶えず競合他社を上回る業績をあげ、ライバルよりもはるかに巧みに逆境を乗り切れる可能性が高い。

15〜19個：あなたの組織は非常にうまくやっており、平均をかなり上回っているのは確かだ。

しかし、微調整を行う余地があるかもしれない。改善が必要な領域に力を集中しよう。

10~14個：あなたの組織は、何かしら大きなリエンジニアリングを必要としている。最初は、組織構造から意思決定手法、社員の質に至るまで、すべてを再評価することから着手する必要があるかもしれない。

9個以下：あなたの会社は、全面的な改革を緊急に必要としている。前述のようなステップを進める必要があるのはほぼ確実だ。さらに、困難な決断を下すうえで、外部のコンサルタントの支援を得ることも検討するべきであろう。

4Eリーダー　チェックリスト

□野心的なパフォーマンス目標を設定し、達成した場合にはお祝いをする

ウェルチの500ドルクラブが、素朴だが興味深い例である。手近な目標（500ドルの売り上げをもたらす顧客を獲得）や短期的な目標（500ドル顧客を10件獲得）を設定するだけでなく、これによって、仕事が面白くやりがいのあるものとなった。これは、ウェルチが大きな成功をもたらす事業を構築しつつ、パフォーマンス重視の企業文化をつくり出すうえで有益だった。

□社内における実行指数を高めるため、実行が失敗する11の原因をリストアップし、それぞれと関連する重要な問題を書き留める

この作業には他のリーダーも巻き込むべきである。これらの問題に正面から取り組むことによって、組織の成功を左右する最も重要な行動・規範などへの取り組みにおいても大きく前進できるだろう。どの領域が改善を必要としているかという点でチームの意見がまとまったら、そうした原因に一つひとつ取り組んでいこう。指定された問題のそれぞれについて、具体的な達成基準と期限を設定しよう。

□実行に向けた研修を行う

ボシディとチャランは、実行を重視せず、その一方で貴重なリソースを他のプログラムに費やしている企業は、遅かれ早かれトラブルに見舞われると説明している。実行を最優先事項とするには、根本的なところで、それを会社としての戦略に組み込んでおく必要がある。

□パフォーマンス重視の企業文化を育むため、9つのステップを守る

9つのステップは、おおまかな流れを描いたものにすぎないが、何が本当の実行重視の企業文化を生み出すのかという点について、ある程度の指針にはなる。オペレーティング・システム、体系的な業績評価、研修、対話——これらは皆、重要な役割を果たしている。

第 II 部

ウェルチの遺伝子を受け継ぐリーダーたち

ウェルチは、ＧＥのＣＥＯとしての二〇年以上にわたるキャリアにおいて、最高の成果は何だと考えているのか。ウェルチがそんな質問を受けたら、恐らく、成長率や利益、株式時価総額などには触れないと思う。むしろ彼が口にするのは、自分が採用し育て上げたリーダーのことだろう。

ウェルチがＧＥに遺したもののうち何を批判しようとも、彼の実績には、一つ疑いようのない側面がある。ウェルチが、ＧＥという組織から多数のリーダーを生み出したということだ。ウェルチ時代のＧＥからは、これまでのいかなる企業と比べても、最も多くのＣＥＯが誕生した。墓碑銘に何と刻んでほしいか、とウェルチに尋ねたとしよう。その時彼が、ビジネス界の巨人アンドリュー・カーネギーの墓に刻まれているものと同じ言葉を選んだとしても、それは彼にとっては与えられて当然ともいえる権利だろう。それは、こんな言葉だ。

自分より優れた人間を惹きつける術を心得た男、ここに眠る

この碑文は、人間とリーダーシップに関するウェルチの哲学を一言で言い表している。彼は、「自分にはタービンも航空機エンジンもつくれないし、『隣のサインフェルド』（ＧＥ傘下のＣＢＳの人気ＴＶ番組）の演出もできない」とはっきり言っている。その代わりに彼は、ＧＥのあらゆる従業員やマネジャーによる貢献を最大化するように設計された、本物の学習する組織を構築しつつ、ふさわしい人材を雇い育てる方法を心得ていたのである。

優れた経営理論家たちの意見は、「ビジネスにとって、経営陣の質ほど重要なものは他にない」という点で一致している。ドラッカーは、経営陣こそ、組織において最もコストのかかるリソースであり、「減価償却期間が最も短く、最も頻繁に更新が必要な」資産であると主張している。ドラッカーの説明によれば、有能な経営陣をまとめあげるには何年もの時間がかかるのに、せっかく優秀な経営陣も「短期間、失政が続くだけで壊れてしまう」という。またドラッカーは、「マネジャーは、リーダーをつくり出すことはできない。ただ、潜在的なリーダーシップの資質を花開かせる条件を生み出せるだけである。マネジャーが用意した条件が、そうした潜在的なリーダーシップを抑圧することもあり得るが」と書いている。

彼が何をやったにせよ、ウェルチ時代のGEは、他に並ぶもののない経営者育成機関となった。彼が鍛え育てたリーダーたち、またウェルチの門下生によって育てられた次世代のリーダーたちこそ、典型的な4Eリーダーなのである。

CEOという仕事が年々困難なものになっていることには、触れておく意味があるだろう。二〇〇〇年までの五年間に、米国主要大企業二〇〇社のCEOのうち、四〇パーセント前後が辞任もしくは解任の憂き目に遭っている。二〇〇三年、二〇〇四年には、「フォーチュン一〇〇〇」の約二パーセントの企業で毎月CEOの交代が見られた。

当然ながら、自分の企業でトップの座に上り詰める幹部の数も減っている。広報コンサルタント企業バーソン・マーステラー社が二〇〇四年末に発表した調査結果によれば、「フォーチュン一〇〇〇」

で働く大半のシニア・マネジャーのうち六〇パーセントはCEOをめざそうという計画を持っていない（二〇〇一年の調査では二七パーセントだった）。

これは、大企業のシニア・マネジャーたちの心理という点で、驚くべき根本的変化である。理由はたくさんあるが、大きな要因の一つは、CEOという仕事に伴うリスクの大きさである。サーベインズ&オクスリー法（二〇〇〇年代初頭の会計スキャンダルの結果として施行されたコーポレート・ガバナンス法）により、経営幹部は、財務諸表等のすべての数値に関する宣誓を求められることになり、何か監査をパスしない点があれば、罰金もしくはもっと厳しいペナルティを受けるリスクが生じているのである。

以下の各章で紹介するリーダーたちは、こうした厳しい背景のもとで、それぞれの仕事をこなしてきた。この時期、つまり企業CEO絡みのスキャンダルが頻発した時期であり、同時に、世界的に経済が低迷した時期に、企業のCEOを務めるのはこのうえなく困難なことである。ところが、以下に登場する人々は傑出した実績を残している。

となれば、本書の後半を使って、こうしたウェルチの一握りの側近たちにスポットを当て、彼らが新しい地位で実践した戦術や教訓について簡潔に描写する価値は十分にあるのではないだろうか。彼ら自身の業績や、彼らが手ずから育てたリーダーたちの業績こそが、ウェルチの最大の遺産と言えるだろう。

ウェルチももちろん、そのことを理解しており、機会あるごとに自分の側近を賞賛していた。たとえば、後継の座を争っていた三人（ジェフ・イメルト、ジェームス・マクナニー、ロバート・ナーデリ）について話すなかで、ウェルチは彼らを驚異的な人材であり、その業績は「計り知れぬほど大きい」と評していた。ウェルチは三人全員について、「我々が彼らに対して抱いた期待をすべて上回った」と言い切ったのである。

以下で紹介するリーダーたちのうち、一人を除いて全員が第一世代、つまり何年かにわたってウェルチの直属の部下であった人々である。だが、ウェルチのような4Eリーダーの広範囲に及ぶ影響力を示すため、ウェルチの直属の部下であったことはないが、その後継者のもとで働いた企業幹部も一人加えておいた。それが、インドの新興企業ウィプロのCEOを務めるビベック・ポールである。ジェフ・イメルトがGEメディカルシステムズを率いていた最後の数年間、ポールはイメルトの部下であった。

では、ここから先はウェルチ流で鍛えられた五人のマネジャーたちにスポットを当てて、リーダーシップに関する教訓を見ていくことにしよう。

第5章

すべてを吹き飛ばしてでも、信念を貫け

――ジェフ・イメルトは、「ジャック・ウェルチが建てた家」をどう改築したか

競争力と成長を追求する企業は、
テクノロジーとイノベーションに向けた
アイデアへの注力をいっそう強めていく必要がある。
イノベーションなしには生き残れない。
イノベーションがなければ、
GEは今後一〇〇年間存続することはできないだろう。
――ジェフ・イメルト（GE会長兼CEO）

ジェフ・イメルトは、米国企業社会で最も羨望の的となるポスト、つまりGE会長兼CEOの座を争う三人の候補者の一人だった。

ジャック・ウェルチは二〇〇一年まで引退しない予定だったが、彼はその数年前から後継者の選抜プロセスに取り組みはじめていた。過去一世紀にわたって、後継プランニングという面で先駆的な企業であったGEでは、それが普通のやり方だったのである。

イメルト抜擢の背後にあった主な要因の一つは、ウェルチが任期の最後数年に執心していた品質改善プログラムであるシックスシグマに、イメルトが力を注いでいたためである。イメルトが他の候補者に比べて若いことも、ウェルチにとっては重要なポイントだった。ウェルチは、自分の後継者に（ウェルチ自身や彼以前の歴代CEO六人と同じように）GEを刷新するための時間を十分に与えたいと考えたのである。ウェルチの考えによれば、CEOのポストに長くとどまることには、もう一つの利点もあった。

後にウェルチが説明したところによれば、後継者選択におけるウェルチの目標は、会長兼CEOの座に約二〇年間とどまることのできる人材を選ぶことだった。ウェルチは二〇年間CEOを務めたが、自分の後継者にも、彼がGE刷新のために費やしたのと同じだけの時間を与えたいと考えていた。また、与えられた期間が長ければ、後継者がしっかりと地に足をつけた経営をするうえでもプラスだろう。というのも、どんな判断を下しても（またどんな失敗をやらかしても）、その決定や失敗と長年にわたって付き合っていかなければならないとわかっているからである。

完璧な実行力――ただし、時には失敗も

もちろん、イメルト抜擢というウェルチの判断を支えた要因の一つは、イメルトが一貫した実行力を持っていたことだった。イメルトは、GEメディカルシステムズのトップに就任する前、長年にわたってGEプラスチックスを率いてきた。GEメディカルシステムズを率いるようになって三年間のうちに、彼はその売上高を三九億ドルから七二億ドル（二〇〇〇年）へとほぼ倍増させた。さらに彼は欧州におけるGEの立場を強化し、アジア市場でもGEメディカルシステムズを業界ナンバー1の座につけた。

またイメルトは、GEの他事業部門の模範となるような事業モデルをつくり上げた。『わが経営』のなかでウェルチは、これについて次のように述べている。「ジェフは、GEの医療機器部門を新たな水準にまで引き上げた。彼は、世界中から頭脳・部品・完成品を調達するという『グローバル製品企業』というコンセプトを考案した。これはGEのほぼすべての事業のモデルとなっていくだろう」

その一方で、イメルトは彼なりに問題にも見舞われてきた。GEプラスチックスを率いていた時期には判断を誤ったことも何度かあるし、一九九四年の純利益は目標額を約五〇〇〇万ドルも下回ってしまった（予算では二〇パーセントの増収とされていたが、七パーセントにとどまった）。予算未達成という事態に慣れていなかったイメルトは、この状況でウェルチにどう接するのが最善か途方に暮

れてしまった。

年次マネジャー・ミーティングのためにボカ・ラトンを訪れたイメルトは、疫病から逃げるようにウェルチとの接触を避けて回った。ウェルチはようやくのことでイメルトを捕まえ、イメルトのことを気に入ってはいるが、状況を好転させなければ解雇しなければならない、と伝えた。これに対してイメルトは、その必要はないと答えた。事態を改善できなければ、解雇される前に自分から辞職するから、と。

結果的には、ウェルチもイメルトも、何も心配する必要はなかった。イメルトはCEOに任命される前の数年間、すばらしい業績をあげた。その実行力により、イメルトが受け取る賞与の額は増加の一途をたどった（毎年四〇〜五〇パーセントも膨れあがった）。ウェルチからの（「すごい！」など驚嘆の言葉に溢れた）賞賛のメモも増える一方だった。取締役会もウェルチも、イメルトこそ、いままさにGEを率いるにふさわしい人材だと確信したのである。

後継者に決まったことを伝えた後、ウェルチはいつものように自筆のメモを送った。「何もかも、おめでとう。君のGEメディカルでの業績も、世界最高の企業のCEOに選ばれたことも。君がこれまで本当に優秀だったことはわかっている。しかしいまの君は、私が想像していたよりもさらに優れている」

再びGEの刷新へ

ジェフ・イメルトほど強いプレッシャーを受ける立場に置かれた者はいないだろう。何しろ、ジャック・ウェルチ自ら選んだ後継者なのだから。

イメルトが、ぶざまな失態を演じるだろうという声は多かった。経営評論の世界に、イメルト批判派というまったく新しい学派が一夜にして登場したのである。ただし公平を期すならば、これはイメルトが無能だと思われていたというよりも、むしろ人並み外れた国民的英雄の跡を継ぐという不運によるものだった。誰であっても、ジャック・ウェルチの跡を継いだら、比較されて苦しむことになっただろう。

そしてイメルトの場合、就任直後の、何ごとも寛容に見てもらえる期間は無情なまでに短かった。というより、ほとんどそんな時期はなかった。不運なことに、ＧＥの一〇年間に及ぶ二桁増収の時期が二〇〇二年に終わる、まさにその時に会長兼ＣＥＯの座を引き継いでしまったのである。だが、誰がトップの座に就いていたとしても、それまでの高成長の反動は避けがたかった。年商一三〇〇億ドル規模の企業で二桁成長を実現するのは、年商二五〇億ドル規模の企業（ウェルチ就任時のＧＥ）と比べてはるかに難しい。グローバルな景気後退から見ても、こうした高成長の流れが断ち切られるのは確かだった。

「過去との訣別」は、長年、GEの新任CEOが引き継いできた伝統である。ウェルチの前任者であるレグ・ジョーンズは、ウェルチがイメルトに与えたものと同じアドバイスを与えた――吹き飛ばしてしまえ、と。言い換えれば、古いゲームプランを打ち壊し、会社が直面している新たな現実に合わせた新しいプランをつくれという意味である。

最初のうち、イメルトはこのアドバイスを敬遠しているようだった。むしろイメルトは、ウェルチが遺した台本を読み上げているだけのように見えた。たとえば二〇〇三年秋には、一週間のうちに大規模な企業買収を二件も行っている。ビベンディ・ユニバーサルとイギリスの医療用画像機器メーカー、アマーシャムの買収である（買収額はそれぞれ一四〇億ドルと一〇〇億ドル）。

この二件の買収は、GE史上でも最大の規模に属する（もっともハネウェルの買収にもしウェルチが成功していれば、その買収額四五〇億ドルのほうがはるかに大きかったわけだが）。イメルトは、ウェルチ並みのエッジの証を示しつつ、思い切りよくこの二件の企業買収に突き進んでいった。どちらの企業も経済全体よりも早いペースで成長していくことに自信を持っているのは確かだった。

しかし、イメルトが単純にウェルチ流を真似ているだけという観測は長続きしなかった。ビベンディ・ユニバーサルとアマーシャムを買収した一か月後、イメルトは成長が鈍化していた保険事業の一部を切り離し、ゲンワースという新企業に統合することを決断した。イメルトは、ウェルチの戦略を真っ向から拒絶するように「保険事業は、今後のGEにとってふさわしいビジネスではない」と宣言したのである。この決断によって、約四五億ドルの現金資産が自由に使えるようになった。

すでに述べたように、ウェルチ時代のＧＥの成長のうち、約四〇パーセントは企業買収によるものである。イメルトが就任当初行った企業買収は（ケーブルテレビ事業のテレムンドとブラボーを含む）、実際には短期的な成長を鈍化させたが、ＧＥの長期的な事業展望はむしろ強化された。これは直観に反するように見えるかもしれないが、フォーチュン誌のジェリー・ユーシームは、イメルトがやろうとしていることを理解した。「イメルトは、成長そのものを買うというよりも、成長する能力を買おうとしている」

ウェルチにとって、ＧＥ成長の最大の原動力は、ＧＥキャピタルとＧＥが提供する豊富な金融サービス群だった。しかし、イメルトはこうした事業や市場の一部から撤退した。ウェルチは、短期間で昇進に次ぐ昇進を繰り返させることによってＧＥ社内のリーダーを育成し、才能のある「ゼネラリスト」からなる企業を生み出すという考えを信奉していた。イメルト時代になると、「スペシャリスト」をたくさん育てるよう、異動のペースは遅くなった。

またイメルトは、ウォール街との関係においても独自色を打ち出した。ウェルチは四半期単位で壮大な目標を掲げ、それを機械仕掛けのごとく確実に凌駕することによって、アナリストたちを圧倒した。イメルトは長期的に考える。長期的なビジョンを大まかに提示し、短期的な目標はあまり重視していない。

実際、イメルトのアプローチは全体として、次の四半期よりは次の四半世紀を重視するものである。多くの大企業のＣＥＯとは異なり、イメルトは、若干の予期せぬ事態を除けば、自分のクビが二〇年間は安泰であることを知っている。こうした贅沢を味わえる米国企業のＣＥＯは、ほとんどいない。

ここで逆説的とも言えるのは、イメルトは、ＧＥの過去と断絶することにより、実はその伝統を忠実に守っているということだ。ＧＥの歴代会長のほとんどは、独自の道を切り拓いてきた。ほぼ二〇～三〇年おきの刷新という潜在的にはリスクも伴う欲求が、ＧＥにとって非常に大きな利益をもたらしてきたのである。

フォーチュン誌のユーシームは、次のように書いている。「どこか及び腰の改革プランを発表する代わりに、イメルトは、リーダーに期待される行動を実際に進めている。理にかなったプランを策定する。財務面を補強する。社員を鼓舞する。顧客に投資する。気の利かない約束はしない……」

事業ポートフォリオを吹き飛ばす

ＧＥの歴代ＣＥＯはどうやってビジネスを吹き飛ばしてきたのか――それを理解する最善の方法の一つは、それぞれのＣＥＯが事業ポートフォリオをどのように入れ替えてきたかを検証することだ。その作業にどう取り組んできたかを見れば、そのＣＥＯが組織に対してどのようなビジョンを持っているかがよくわかる。たとえばウェルチ時代には、彼独自の「三つの円」戦略があり、将来のＧＥを次の三つの分野に存在するものとして定義していた。

中核事業（GEライティング）
テクノロジー事業（医療機器、航空機エンジン）
サービス事業（GEキャピタル）

優れた戦略がたいていそうであるように、この「三つの円」戦略も、その根本には簡潔さがある。この「三つの円」をウェルチのナンバー1／ナンバー2戦略と再建・閉鎖・売却ルールと組み合わせると、「GEとは何であるか」「何でないか」「今後どうなっていくのか」という三次元的な像が浮かび上がってくる。

しかし、この三つの問いすべてに答えられる戦略というのは、実は稀である。

二〇〇四年の年頭、イメルトは事業ポートフォリオのさらなる再編を目標に掲げた。一三あるGEの事業グループを「市場・顧客に焦点を合わせた」一一のグループに統合するという内容だ。イメルトは世界を円として捉えていない。イメルトは、ウェルチがやったようにGEの事業を製品・サービス単位で定義せず、各事業の成長力に従って定義している。その概要は次のようなものだ。

●成長エンジン

その名のとおり、二桁成長の見込みが最も高い事業である（NBC、商業金融など）。近年、これらの事業は年二〇パーセントのペースで成長しており、GEの総収入の八五パーセントを稼ぎ出している。これらの事業の大半はそれぞれの市場で首位に立っており、GEの優れた技術基盤を活かした持続的な競争優位を持つグローバル・ビジネスである。

●キャッシュジェネレーター

高いキャッシュフローを稼ぎ出す、景気変動に左右されやすい事業である。キャッシュジェネレーター(先端材料、保険など)は、GEの総収入の約一五パーセントを稼いでいる。イメルトは、これらの事業は「成長エンジン」ほど急速には成長しないが、好況期には二桁成長を実現するポテンシャルがあると指摘する。

二〇〇三年一二月、GEの年間事業展望のなかで、イメルトは次のように宣言した。「我が社の八五パーセントは、『非常にすばらしい』事業に携わっている」。これはつまり、持続的な競争優位を持ち、二桁の増収を維持し、テクノロジー面でも主導権を握り、サービス収入も順調なグローバル事業、もしくはトップクラスの金融ビジネスを意味している。またイメルトは、GEの一一ある事業部門のうち九部門は、今後数年間二桁成長を実現できるだろうと予言した(二〇〇四年、GEの売上高は前年比一四パーセント増の一五二四億ドルに達した)。

取り組むべき課題はイニシアチブによって決まる

イメルトによるGEの定義には、他にもウェルチ時代とは大きく異なる点がある。ウェルチが語る言葉は、彼が重視する価値観（たとえば、変化に対してオープンであることや境界のなさ）、あるいは全社的なイニシアチブ（シックスシグマなど）で満ち溢れていた。年次報告書や株主を対象とする講演、メディアとのインタビューの場で、ウェルチは頻繁にこうした価値観やイニシアチブに言及した。ウェルチはこうしたイニシアチブに情熱を燃やしていた。その言葉遣いからもそれが確認できる。

私たちの血管には「変化」が流れている。
シックスシグマに関しては、狂信的にならなければならない。
デジタイゼーションは、毎日のように会社のDNAを変化させつつある。

明らかに、ウェルチはGEとその社員たちを熱烈に信じていたし、その情熱は講演や著作からも伝わってくる。イメルトもGEに対する思い入れは同じように強いが、ただしその言葉遣いはウェルチほど派手ではない。また、イニシアチブに対しても、ウェルチとはやや違う視点からアプローチしている。彼はすべてのイニシアチブを、利益率の高い、資本効率のよい成長を目的とするGEの成長戦略という旗印のもとに位置づけている。

イメルトは、ウェルチがＧＥになした貢献の最良の部分を捨て去ったわけではないが、新たな成長計画を示し、事業ポートフォリオを変化させることによって、それを吹き飛ばしたのである。イメルトは、非常に短い期間で、ＧＥの改革を静かに進めているのである。

昨年、私は改めて二つの重要な教訓をひしひしと感じた。それは、「文脈が持つ価値」と「改革を進めていくことの大切さ」だ。「文脈」とは、グローバルな主要トレンドと、それがＧＥにもたらす影響を理解する、という意味だ。私たちが生きている今日は、経済環境が急速かつ有意に変化していく時代だと私は信じている。その信念ゆえに、「ＧＥにおける変化を加速したい」という願いはますます強まってきた。ＧＥが将来的に傑出した存在であるためには、その外観も行動も、存在のあり方も、これまでとは違っていなければならない。

「角を矯めて牛を殺す」の愚を避けるために

ＧＥの刷新を進める一方で、イメルトは、ＧＥがすでにいくつかの点では非常にすばらしい成果をあげていることを了解していた。大切なのは、必要な改革を行いつつも、自社の強みを基盤としていくことだった。これはもちろん、シックスシグマについて言えることだった。この品質改善プログラムを開始したのはウェルチだが、その後継者であるイメルトも、これを全面的に採用していた。イメルトは応用統計学の修士号を持っており、ウェルチが「惚れ込んだ」と自認するシックスシグマについても、熱心に支持していた。

イメルトはこう宣言している。「この方法（シックスシグマ）を知ろうとしない者は、GEにはひとりもいない」

二〇〇二年、GEは顧客主導型の特別プロジェクトを、何と一万件も完遂した。GEによれば、同社の顧客の四〇パーセントは、こうした形式での知識拡大、生産性向上プログラムへの参加を望んだという。GEは顧客に対して、思わず食指が動くようなイニシアチブをずらりと提示したのである。

●シックスシグマの知識共有

一九九〇年代後半、ウェルチはシックスシグマをGEにおけるバイブル的な存在とした。イメルトはこれをさらに一歩進め、シックスシグマに関する複雑な知識を顧客に対しても提供した。

●GE独自の企業文化に関するイニシアチブ

ウェルチが取り組んだGE独自のイニシアチブは、ワークアウトから境界のなさ、学習を促すオペレーティング・システムの開発に至るまで、すべてがプログラムの一環として顧客にも提供されている。

●調査、事実、数値

年商一五〇〇億ドル以上の大企業ともなれば、そこで生み出される市場調査やデータなどの量も膨大なものになる。GEは現在、こうした重要な情報の大部分を顧客と共有している。

●グローバル・エンジンとしてのGE

GEが初めて着手した全社的なイニシアチブは、ウェルチが一九八七年に開始したグローバリゼーションである。このイニシアチブの展開は、グローバリゼーションをどう進めていくかというお手本になる事例だ。ウェルチが引退する頃には、知性のグローバル化がGEでの決まり文句となっていた。イメルト時代のGEは、グローバリゼーションという分野におけるGEの大きな成功をどうすれば模倣できるか、顧客に示しつつある。

5つの新たな現実

二〇〇四年、イメルトはゲームのルールを変えた――ちょうど、一九八〇年代初頭にウェルチがやったように。イメルトは、オペレーションを簡素化し、顧客との関係を深めることを目的に、市場を軸として社内を再編したのである。

イメルトははるか以前に、「成長企業を構築する鍵の一つは、グローバル市場の現実を理解し、戦略面で必要な調整を行うことだ」と学んでいた（現実を直視せよというルールは、ウェルチから教わったものである）。たとえば、イメルトの指摘によれば、二〇〇四年はその前の数年間に比べ、成長のための環境という点ではあまり有利ではない。成長を実現するには、次のような現実に対処できるよう、GEは十分に機敏でなければならない。

現実1●より相互依存を強めるグローバル経済

その兆候は、生産能力過剰により価格戦争が引き起こされていることである。失業率が上昇し、利益率が低下しているのは、これが原因である。

【イメルトのソリューション】 ここで重要なのは、イノベーションにリソースをつぎ込み、現在のビジネスをもとに、新たなビジネスモデルと収益機会を考案することである。

現実2●インド・中国といった国々の低コスト製造企業が新たなパラダイムを持ち込む、新たな経済の時代

これらの国々では、技術的なスキルを持った労働者（エンジニアなど）が、米国に比べて数分の一の給料で働いている。

【イメルトのソリューション】「成功する企業にはグローバルな思考が必要だが、国内にもたらす影響も理解しなければならない」。この結論は、ウェルチの知性のグローバル化という規範に根ざしたものでもある。ＧＥは、国内のマネジャーを選抜してグローバル事業を担当させるという戦略を開発し、成功させている。

現実3●次に来るのは流通チャネルの統合である

これは顧客にとっては実際にプラスになるが、同時に、利益率はさらに圧迫されることになる。

【イメルトのソリューション】ＧＥのような組織が成功するためには、顧客とのあいだにダイレクトな関係を築き（直販体制など）、コストを常に抑制し、ＧＥにとっての収益性を顧客にとっての収益性とリンクさせるような、独自の顧客提案と価値を提供しなければならない。

現実4●抑止できない人口動態を前提とした新たな成長プラットホームの可能性

イメルトは今後に向けて、ＧＥが何らかの競争優位（技術基盤など）を持つ急成長市場における長期的・持続的な成長を模索している。

【イメルトのソリューション】ＧＥがその長所を活かして持続的な競争優位を実現できるような高成長市場に力を集中させる。

現実5●不確実な世界

イメルトは、テロや株式市場の暴落、その他金融面・地政学面でのできごとが世界を急激に変化させることを理解している。

【イメルトのソリューション】 将来の成功をもたらす鍵は、顧客・投資家・従業員の信頼を維持することになるだろう。そして、その信頼を維持する鍵は、財務面及び企業文化面での強さを通じて得られる。

重要かつ根本的な改革をいくつか進めつつ、イメルトは、「角を矯めて牛を殺す」の愚を犯さないよう注意を怠らない。恐らく最も重要なのは、ウェルチが在任中に確立した強固な基盤のいくつかをイメルトがそのまま維持し、それを自分の改革の基礎としている点である。価値観、イニシアチブ、オペレーティング・システム……これらはすべて、イメルトが会長兼CEOに就任した時点で、GEの基礎に深く根づいていたのである。

その一方で、イメルトは重要な新コンセプトも追加している。それが、「顧客のもとで、顧客のために（ACFC：At the Customer, For the Customer）」だ。これは顧客の大切さを行動の基準として制度化することにより、顧客重視というウェルチのコンセプトを、さらに一段上の水準に引き上げるものである。「顧客のもとで」は、文字どおり顧客とともにあること、もしくは顧客に近い場所にオフィスを構えることを意味している。

「顧客のために」は、自分自身を顧客の立場に置き、顧客にとっての優先順位、顧客のプロセス、ビジネス、業界などを学ぶという意味だ。顧客の成功を助けることを自らの仕事とする、という考え方である。彼／彼女の悩みは、自分の悩みなのである。顧客の成功は、自分の成功である。より洗練された顧客が、これほどの質のサービスをGEなどのパートナーに期待するようになっていくなかで、この種のパートナーシップは、GEや、その他未来志向の企業において、今後数年のうちにますます当たり前のことになっていくように思われる。

5つの成長戦略

真に有能なCEOがたいていそうであるように、イメルトもまた、会社を成長させることに執着している。彼が目標として表明しているのは、（企業買収による成長を除く）GEの事業そのものの成長として年八パーセントを維持すること。その一方で、GEの高い利益率を維持することである。彼が掲げる標語は、こんな感じだ。

成長そのものが、我々がGEで構築するイニシアチブであり、コア・コンピテンシーである。

イメルトによれば、利益率が高く資本効率のよい成長を生み出す鍵は、GEの五つの成長戦略であるという。

テクニカル・リーダーシップ
サービス
お客様重視
グローバリゼーション（グローバル化）
成長プラットホーム

●テクニカル・リーダーシップ

イメルトが最初に掲げるのは、技術面での専門的能力である。イメルトによれば、この種の技術的なリーダーシップが、GEの革新的な精神と結合し、GEの主要なイニシアチブに魂を吹き込む。世界各地に置かれたGEのグローバル・リサーチ・センターには数千名の研究者が在籍しており、この研究者グループのおかげで、航空機エンジンから省エネルギー型ガスタービンに至るまで、GEは多くの市場でトップの座を守れているのである。

ウェルチもまた、技術面でのリーダーシップの重要性を理解していた。だからこそ彼は、技術面でのリーダーシップが何の競争優位も生まないような事業や市場から撤退したのである。たとえば、G

Eハウスウェアズは、一九八〇年代初頭～半ばには、すでにアジア製低価格量産品の卸売会社同然の状態になっていた。

●サービス

ウェルチは、サービス事業を重要な成長エンジンであると考えていた。イメルトも明らかに、ウェルチがつくった流れをそのまま引き継いでいる。さらにイメルトは、GEにはジェットエンジン、発電タービン、医療機器などを含むすばらしい工業製品の基盤があり、将来的にこうした基盤をもとにしたサービス群を構築できても不思議はない、と指摘する。

イメルトは、このセグメントを今後も成長させていくための鍵は、GEのサービス事業によって、「（GEの）顧客の収益性がさらにアップする」ようにすることだと考えている。

●お客様重視

イメルトは、顧客重視というコンセプトをさらに一段上の水準に引き上げた。彼は、シックスシグマをGEの顧客に紹介し、それによってGEの営業部隊と顧客のニーズとの連携をさらに改善することをめざして、販売・マーケティング協議会を設置した。この分野での成功事例の一つが、イメルトのいう縦断的な販売で、これはGEにとって重要な四つの産業である医療・エネルギー・輸送・リテールの各業界に提供している製品・サービスを統合する試みである。これら四つの事業分野は、売上高五〇〇億ドル近く、金融サービス資産にして約一七〇〇億ドルを担っている。

●グローバリゼーション（グローバル化）

ウェルチが最初に取り組んだイニシアチブは、グローバリゼーションであった。グローバリゼーションはいまやGEのコア・コンピテンシーになっている。グローバルでの売上高は何年間も二桁成長を続けており、GE社内のリーダーの約三分の一は米国外で勤務している。イメルトは、グローバルな成功を収められるか否かは、組織がリレーションシップを通じてビジネスを成長させる能力を持っているかどうか、また成功するうえで非常に重要となる微妙な文化的ニュアンスを把握している現地マネジャーの雇用・育成に依存していると理解している。

●成長プラットホーム

イメルトによれば、GEの重要な長所の一つは、抑えようのないトレンドを見抜く眼力があるという点である。たとえば彼は、近い将来、GE工業部門の企業買収を伴わない事業そのものの成長率は二桁になると予言している（実際、二〇〇三年は一四パーセントだった）。またイメルトは、GEでは組織的なアプローチのおかげで「成長」が第二の天性のように染みついていると主張している。「まず、幅広い市場をセグメント化し、手がかりとなる小規模な企業を買収する。それから、『サービス』『グローバリゼーション』といったGEの成長イニシアチブを活用してビジネスモデルをつくり変える。最後に、財務面での力を活かして、事業本体の成長もしくは買収による成長に投資する」

価値観と精神の調和

一九八〇年代半ば以降、ＧＥの従業員とマネジャーの行動は、共通の価値観によって規定されてきた。先に述べたように、ウェルチは他の企業との差別化のために、またさらに重要な点として、ＧＥで働くすべての人々に、どのような行動を会社が期待するかを説明するために、ＧＥの価値観を活用した。

卓越性への情熱と官僚主義への憎悪を持つこと。
自信を持って皆の関与を求め、境界のないやり方で行動すること。

最近行われた幹部向け研修の場で、ＧＥのシニア・リーダーたちは「成長企業としてのＧＥの物語を語りやすくするために、ＧＥはその価値観を修正すべきではないか」と提言した。イメルトは、価値観が単なる言葉の遊びになってはならないと説明した。価値観によって将来の行動を本当に左右しようというのであれば、その価値観は行動の基準になり得るものでなければならない。また、シンプルで、誰にでも適用でき、モチベーションを生み出すものでなければならない。

驚くべきことに、イメルトを中心とするチームは、ＧＥに共通する価値観を四つの単語に凝縮した。

〈GEバリューズ〉
想像する（Imagine）
解決する（Solve）
築く（Build）
リードする（Lead）

この四つの単語は、ウェルチが提示した説明的な価値観から大きく離れているように見えるが、そこに込められた思いという点では共通している部分が多い。そして、ＧＥのマネジャーや従業員の心と精神に堅固な基盤を与えることによって、こうした簡潔な価値観への道を拓いたのは、ウェルチその人であったことには注意すべきであろう。

●想像する

大志を抱く自由、そして、夢を現実にする能力。

想像するためには、人は情熱と好奇心を大切にするという価値観を持っていなければならない。この価値観は、ウェルチの言う「学習する組織」の本質、そして新しいアイデアに対する彼の愛情を捉えたものである。

●解決する

GEが持つ技術的なリーダーシップ、そして世界で最も困難な問題を引き受ける能力について語ったものである。「解決する」ためには、「ソリューション」という考え方だけでなく、豊かなリソースと説明責任が必要である。

●築く

GEにおいてこの言葉が意味するものは大きい。築くためには、顧客と株主の双方に同じように価値を生み出すようなパフォーマンス重視の企業文化が必要である。また築くとは、チームワークとコミットメントを重視するGEの価値観にも関係している。

●リードする

ウェルチはいつも「マネジャー」よりも「リーダー」という言葉を好んだ。ここでのリードという言葉には、ウェルチが（そして今日ではイメルトが）GEの魂に吹き込んだすべての内容（オープンさ、楽観主義、自信、エネルギー）が含まれている。リードするためには、変化を受け入れるだけでなく、それをチャンスとして捉えなければならない。リードするとは、市場において勝利に勝利を重ねていくことなのである。

本書第1章で、真の学習する文化の創出についてのピーター・センゲの考え方を、三層からなるモデルで提示した。彼のモデルの最初の項目では、「指導理念がなければ、情熱も、全体的な方向感覚・目的意識も生まれない」と説明されていた。

これこそまさに、価値観によって達成されるべきことである。勤務先が小企業だろうと大企業だろうと、行動を導き、目的・方向性を与え、何らかの使命感を提供するのは、その組織の価値観なのである。その表現が四つの単語であろうが四つの段落であろうが、大切なのは、自分の組織のメンバーが、「この組織を独特の存在にしているのは何か」「何がこの組織を動かしているのか」を理解しやすくなるように、こうした価値観を用いることである。

最後になったが、組織の価値観は一貫していなければならない。随時、書き換えられることがあるとしても（過去二〇年間のGEがそうであったように）、メンバーに混乱したシグナルを送るほど、極端に変化させるべきではない。イメルトはGEの価値観や標語に手を加えたが（「人生によいものをもたらす」から「仕事に想像力を」へ）、GEを偉大な企業たらしめている基本的な理念については変えていないのである。

4Eリーダー　チェックリスト

□「成長」にこだわる

イメルトは、成長が至上命題であり、GEのコア・コンピテンシーであると述べている。こうした目的の一貫性をあなたの組織にも注入してみよう。企業としての努力の焦点を「成長」に合わせる。成長のビジョンを生み出すことによって活性化を図り、グループ内の主なリーダーと従業員と協力して、そのビジョンを現実に変えていこう。どのように表現するにせよ、組織のあらゆるレベルにおいて明快なメッセージを発しなければならない――「我々は全員、この企業の成長に貢献しなければならない」

□短期と長期のバランスをとる

イメルトが行った企業買収は、短期的に見ればGEの成長を遅らせるかもしれないが、長期的な成長を狙えるポジションが得られる。短期・長期双方の結果を考え抜くことなしに重要な決定を下してはならない。

□従来の事業ポートフォリオを吹き飛ばすことを恐れるな

自社のビジネスや顧客、業界全体に影響するすべての重要トレンドや要因から目を離さないこと。時折、自社のビジネスと製品ラインをしっかり見直すことは有益だろう。いまならば参入しないであろう市場から撤退することを恐れてはならないし、成功のチャンスが大きいように見えれば、新たな市場に参入することも恐れてはならない。

第6章

リーダーシップ養成こそが、最優先課題だ

——ジェームス・マクナニーは、ウェルチの台本にどこまで忠実だったか

リーダーシップ養成とは、
社員の成長を助けることである。
そして、個人としての社員を成長させることが
私にできるのなら、
私は会社をも成長させることになる。
——ジェームス・マクナニー（元スリーエム会長兼CEO／現ボーイングCEO）

二〇〇〇年、ジェームス・マクナニーは、ウェルチ後継の座を逃した二人の候補者の一人だった。自分がジェフ・イメルトに負けたことを知ったマクナニーは、ウェルチに対して率直に「あなたの選択は間違いだ」と言った。マクナニーはしかし、GEでの失われた機会について、いつまでも恋々とはしなかった。彼はうまく体勢を立て直したばかりか、巨大企業スリーエムの会長兼CEOに就任したのである（訳注：その後、二〇〇五年七月に、スリーエムからボーイングのCEOに転出した）。一〇〇年を超えるスリーエムの歴史のなかで、他社出身の人間が指揮を執るのはマクナニーが初めてである。

投資家は、マクナニーをCEOに招請したスリーエムの決断を歓迎した。マクナニーの就任に先立つ五年間、スリーエムの株価の伸びは、ダウ平均にもS&P五〇〇種株価指数にも及ばなかった。マクナニーが会長兼CEOに指名されるという噂がウォール街に流れた日、スリーエムの株式時価総額は約四五億ドルも跳ね上がった。それ以来、マクナニーは「GEの二〇〇一年度卒業生」（ウェルチ退任とイメルト就任の年）で最も成功したCEOとして、また当代の最も優れたビジネスリーダーとして大いに賞賛されている。

GEにたどり着くまで、マクナニーはプロクター&ギャンブルと、コンサルティング会社大手のマッキンゼー&カンパニーで経験を積んできた。GEでの実績には非の打ちどころがなく、社内での昇進も速く着実だった（最後の一段だけは上り損ねたが）。途中、マクナニーはGEライティングのCEOを務め、またGE最後の三年間はGEエアクラフト・エンジンズのCEOを務めた。この最後の三年間で、航空機エンジン部門は年間二〇パーセント以上の成長を遂げ、GEの他部門を上回る利益をあげた。

二〇〇四年、ビジネスウィーク誌は「世界で最も優れたマネジャー」の一人にマクナニーを選んだ。二〇〇一年に彼が五つの部分から構成される本格的な生産性向上プログラムを発表して以来、スリーエムの株価は五〇パーセント以上も上昇した（これに対し、S&P五〇〇種株価指数は一桁台のマイナスとなっている）。マクナニーのコンピュータ「オタク」ぶりは有名だが、実は4Eリーダーシップを体現するリーダーでもある。エネルギーに溢れ、他の者の活躍を刺激し、キャリア全体を通じて一貫した実行力を示している。

また、マクナニーはきわめて重苦しい決断を下す術も心得ている。一九〇二年に紙やすりメーカーとして出発したスリーエムは、二〇世紀末にはかなり厳しい時期を迎えていた。マクナニーが年間を通じて指揮を執るようになったのは二〇〇一年からだが、この年、彼は六〇〇〇人の社員を解雇し、七か所の工場を閉鎖した。その後、二〇〇二年にはさらにレイオフと工場閉鎖を追加している。

かつてGEで行われた人員整理と同様、こうしたコスト削減の動きも議論を呼んだ。確かにスリーエム社内にも、マクナニーがこうした行動をとる必要があるという点に合意する人々は若干いたものの、新たな現実をなかなか直視できない人も社内にはたくさんいたのである。しかし、マクナニーはひるまなかった。「『ノー』と言うことが許されるような企業文化にしなければならない」とマクナニー会長は二〇〇二年半ばに説明している。ノーと言って、自分の立場を固守することは、エッジを備えたリーダーの習慣なのである。

その一方で、マクナニーは、ビジョンを示しておいて自分は一歩引き（つまり強力な元気づけるリーダーとして）、その目標を達成する具体的な道については部下たちに自由に決定させるというリーダー像を確立した。彼は改革を下から推進させようと決めていたし、それを明言していたのである。

リーダーシップを過小評価するな

マクナニーの成功をもたらした鍵の一つは、経営を引き継いだ時点でスリーエムが実施していた戦略プランを破棄するだけの勇気を持っていたことである。当時のグローバル市場は、二一世紀初頭の深刻な不振に陥っており、マクナニーが引き継いだビジネスプランは（彼の見立てによれば）時勢に合わないものになっていた。彼は就任当初から、自分がウェルチ流のある側面を実際に体験していることに気づいた。つまりそれは、自らの計画を、瞬時に書き換えるということだ。

事実、マクナニーがスリーエムに着任した二〇〇〇年当時の状況は、その数十年前にウェルチがGEに入社した時の状況と、少なからぬ点で類似していた。何よりもまず、マクナニーが直面する経済状況は厳しく、初手から厳しい戦いを強いられるのは確実だった。だがマクナニーは、それを言い訳に利用するのではなく、野心的な目標を設定することで、あえてハードルを上げていったのである。

彼は成長率の目標を一〇パーセントに設定した。就任前の一〇年間におけるスリーエムの成長率の、ほぼ二倍である。

昔の、つまり七〇年代、八〇年代、九〇年代の世界では、生産性を非常に高くするか、あるいはビジネスを成長させるか、どちらかでよかった。〔中略〕しかし今日の世界では、我々のビジネスにおける全般的目標は、オペレーション面で高いエクセレンスを実現しつつ、実際の事業そのものでも並はずれた成長率を達成することである。

このストレッチ・ゴールを設定した後の結果は、実に印象的である。二〇〇三年、マクナニー率いるスリーエムは、7四半期連続で前年比過去最高となる利益を記録した。従業員、株主とも、このすばらしい業績に心を奪われた。

マクナニー自身も、選りすぐりの企業のCEOたちのなかで高い名声を勝ち得た。ヘッドハンティング会社ハイドリック&ストラグルズ・インターナショナルの上級会長を務めるジェラード・R・ロッシュは、フォーチュン誌に対し、「我が社に対しても『ジェームス・マクナニーのような優秀なCEOを見つけてくれ』という要望が来る」と語っている。フォーチュン誌によれば、コカ・コーラやディズニー、メルクといった「フォーチュン一〇〇」に選ばれるほどの優良企業が新たなリーダーを必要とする時、決まって名前が挙がるのがマクナニーだという。彼の経営スタイルは、アメとムチである。

経営者のスタイルは、「要求の厳しい指令統制型」か「育て励ます型」のいずれかであると考える人もいる。だが私としては、どちらか一方だけというのは不可能だと考えている。

スリーエムで彼が新たな課題として掲げたのは、財務管理の厳格化、より野心的な予算目標、そしてリーダーシップ開発の強化である。ジャック・ウェルチと同様、ジェームス・マクナニーも自ら範を示すタイプである。彼は社内の幹部研修プログラムに密接に関与し、社内での人材開発の取り組みにおいて主導的な役割を果たすのは、CEOとしての基本であると言い切った。

マクナニーは、リーダーシップ開発を企業としての優先課題の一つとした。彼はセントポールに置かれたスリーエムの研究開発研修センターを、GEにおけるクロトンビルと同様の存在へと変えていった。名称もリーダーシップ開発研究所とされ、一七日間のリーダーシップ開発促進プログラムにより、一度に約四〇人の高いポテンシャルを持つ社員を訓練している。

このプログラムは全体として、マクナニーCEO自らが特定し、選択したスリーエム社内の問題を解決することを目的としている。プログラムの最終日に、マクナニーはそのクラスが出したソリューションに耳を傾ける。そのなかのいくつかは、その後全社的に実施されるに至っている。GEにおけるクロトンビルと同様、この研究所は、マネジャーたちに対して、シックスシグマなど会社としての重要なイニシアチブについて教育する場所でもある。

私の経験からすると、「会社の目標を追求するなかで自分も成長している」と社員が確信できれば、その時まさに「火がつく」のである。

スリーエムには、同志意識という企業文化が長年にわたって根づいており、これが実は、マクナニーの仕事をさらに難しくした。やっかいなことに、この同志意識は、いともたやすく、無秩序や低い要求水準へと直結してしまっていたのである。マクナニーは、鋭く研ぎ澄まされた企業文化を備えた、戦いで鍛えられた企業からやってきた人間である。その彼が、現実に直面することを強いられることのなかった企業を率いることになったのだ。この企業を変えていくには、もっと厳しい秩序を課し、実行とパフォーマンスにより重点を置くことになる、とマクナニーは見抜いた。

たとえば、マクナニーはスリーエムの従業員全員を、GEで用いていたのと同じバイタリティ・カーブ上で格づけするよう主張した。マクナニー着任以前のスリーエムの報酬制度は、業績の優秀な者にも、他より後れをとっている者にも、同じように寛大な仕組みになっていた。たとえば、ある職階以上のマネジャーは、自分自身のパフォーマンスの如何を問わず、ストックオプションを受けられることになっていた。達成度とはあまり関係なしに、年功序列一本槍の報酬制度だったのである。マクナニーは、優れたパフォーマンス指標を示したマネジャーにのみストックオプションを与えるべきだと主張して、すぐさまこの方針を変更した。マクナニーは次のように述べている。

スリーエムには、経験を過大評価し、リーダーシップを過小評価する傾向があった。

またマクナニーは、スリーエムにこれまでよりも強い成長重視の姿勢を導入した。マクナニーの着任以前のスリーエムでは、どの部門も、そのパフォーマンスやポテンシャルにかかわらず、同一の予算目標が割り当てられていた。これに比べて、マクナニーのアプローチははるかに戦略的だった。ジェフ・イメルトがGEの成長エンジンを強調したように、マクナニーも、スリーエムの事業のうち、最も成長の見込みが大きい事業に集中した。研究予算やマーケティング予算も、各事業の想定成長ポテンシャルに基づいて配分した。これはつまり、スリーエムの最大の事業、売上高四〇億ドル以上、営業利益一〇億ドルを稼ぎ出す医療関係部門に、より多くのリソースを投入することを意味した。

マクナニーは、将来を左右する鍵は、スリーエムが実行する手法を改善することにあると見抜いている。彼は、スリーエムに何がコントロールでき、何ができないのかを理解している。

我々が、グローバル経済を管理することはできないことはわかっている。しかし、我が社自身のこと、新製品の導入やコストについては管理できる。そういうやり方で、我々の成功が形づくられていくのだ。

ウェルチ流の修正

リーダーシップ開発と、事業ポートフォリオの管理に関する戦略的なアプローチの他にも、マクナニーはいくつかGE流のイニシアチブをスリーエムで実践している。その一つが、ウェルチ流を象徴する戦略、シックスシグマである。

実はマクナニーは、この統計的手法に基づいた品質改善プログラムを、ウェルチと同じくらい熱狂的に支持しており、スリーエムにおける成功をもたらした本当の鍵の一つは、シックスシグマだったはずだと考えている。これに対しても抵抗はあったものの、マクナニーは、こうした厳格なプログラムがスリーエムの企業文化に何か悪影響を及ぼすのではないかという考えを一蹴した。

同じエネルギーと起業家精神を集中させ組織化するだけだ。私は、それ以外のことを捨てたいのではなく、ただ、秩序を与えたいのだ。

この言葉の裏にあるのは何か。スリーエムに着任した際、マクナニーは、この企業が品質改善やプロセス改善に関してメニュー方式を採用していることに気づいた。つまり、ここでのシックスシグマは、マネジャーが選択可能な複数の品質改善プログラムの一つにすぎなかった。彼はこうしたやり方を排し、シックスシグマをスリーエムにおける唯一の品質改善プログラムとした。彼は、会社全体が共通の言語を開発し、（会社の）規模を有利に活用することがどれほど大切か知っていたのである。

マクナニーは、シックスシグマを通じてスリーエムが達成した結果を非常に誇りに思っている。彼によれば、スリーエムはシックスシグマを記録的なスピードで導入していったという。このイニシアチブは、製造部門を皮切りに、バックオフィス業務、財務、人事、顧客サービス業務へと拡大していった。だが、マクナニーはそこで手を緩めなかった。彼がGEで学んだ教訓の一つは、顧客がシックスシグマの効果を感じるようにすることの大切さだった。現在、スリーエムは、顧客と提携し、顧客のビジネスプロセス改善を支援することに力を注いでいる。マクナニーは、シックスシグマの意味をこう語っている。

顧客への対応を改善し、より効率よく実施できるプロセスを進めること――シックスシグマは、これを進めていくための完璧な方法だ。［中略］我々は同じ言語を用い、同じ指標に注目し、同じ成功を分かち合うのだ。

二〇〇二年六月、品質管理の大家であるジョゼフ・ジュラン博士を招いて行われた三日間の会議（サミット）において、マクナニーは、スリーエムがシックスシグマの活用により、どのように財務パフォーマンス、成長、リーダーシップ開発を進めていったかを説明する説得力あるプレゼンテーションを行った。さらに彼は、このプロセスにおいてシックスシグマは、長年にわたって自己満足を生み出してきた企業文化を変えていくうえでも役に立ったと付け加えた。マクナニーの報告によれば、シックスシグマ導入の結果、スリーエムは売上高を伸ばし、費用を削減し、生産性もキャッシュフローも増大したという。

ウェルチと同様、マクナニーも、機会あるごとにシックスシグマのメリットを賞賛している。シックスシグマは、販売手法から新製品開発まで何にでも活用されているため、シックスシグマに関する研修を受けるマネジャーの比率も、年々上昇している。

二〇〇四年春の時点では、シックスシグマに関する研修を受けたスリーエム従業員の約二五パーセントが、少なくとも二回は昇進を経験している。このプログラムの物ごとを数値で捉え、測ろうとするアプローチが、スリーエムの次世代リーダーを見極めるうえでも役立つという副次的なメリットもある。

知性のグローバル化

マクナニーがスリーエムで導入して成功を収めたウェルチ流プログラムは、シックスシグマだけではない。国際分野において、スリーエムは（同社は六〇か国以上で事業を行い、取引先は一二〇か国以上に及ぶ）知性のグローバル化を進めている。スリーエムは、国内出身のマネジャーに国際ビジネスの運営を担当させているが、これはGEのグローバリゼーションの柱となった戦略である。

スリーエム時代のマクナニーは、米国市場よりも、特に成長ポテンシャルに優れる市場を中心に、外国市場にはるかに大きな投資を行ってきた。米国内では人員・設備投資とも削減してきたが、アジア諸国の最も成長率の高いいくつかの市場では、設備投資を増やし、雇用も増やしてきた。これは、マクナニーが掲げる野心的な二桁成長プランに沿った動きである。マクナニーはグローバリゼーションに対するアプローチについて、アウトソーシングという賛否の分かれる問題に触れつつ、次のようにまとめている。

私は、スリーエムをグローバルな競争力を持つ企業として維持していく責任を負っている。今日、我が社の多くの事業において中国の顧客に奉仕するのは、中国国内で製造を行わないかぎり、非常に困難になっている。米国での雇用を骨抜きにするために中国で生産するわけではない。競争力を維持するために、そうしているのだ。

シックスシグマをはじめとするマクナニー主導のイニシアチブに力を注いだ結果、スリーエムは実行力という点で、以前よりはるかに高い一貫性を備えた企業になった。マクナニーに注目する人々のあいだに執拗に残る批判が一つあるとすれば、それは、最終的な損益を非常に重視する彼の姿勢が、真のイノベーションを求める企業文化と整合しないという点だろう。スリーエムの社員は、昔もいまもサイドウェイ（個人の責任において、興味領域を掘り下げる）・テクノロジーに誇りを抱いている。これはつまり、スリーエム独自のテクノロジーを活用する能力、という意味である。

そこで、多くのスリーエム・ウォッチャーはこんな疑問を投げかけてきた――マクナニーの指揮のもと、厳格なシックスシグマを主な拠り所として緊縮経営されるスリーエムは、サイドウェイ・テクノロジーという伝統を今後も維持していけるのか、と。

マクナニーは、その危険性は理解していると主張している。マクナニーによれば、彼が最も望まないのは、世界にスコッチテープやポストイットをもたらした革新的な精神を抑圧してしまうことだという。マクナニーによれば、彼は着任初日から、スリーエムを若返らせるためには、その独特の企業文化を維持することが大切になると理解していたという。

たとえば、新たなアイデアやイノベーションを着実に生み出していくことの重要性を強調するために、マクナニーは、「二×／三×（二倍／三倍）チャレンジ」をまとめあげた。これによれば、以後スリーエムの社員は、イノベーション・プロセスの入り口の段階では新しいアイデアの数を倍増させ、最終段階において成功したアイデアの数を三倍にしなければならない、とされていた。

この挑戦を実現するためには、スリーエムはアイデア生成プロセスを改善するとともに、アイデアを、時間の試練に耐えられるような新製品に変身させる体系的な手法を見つけなければならないだろう。

専門家の意見では、マクナニーの二×／三×チャレンジ計画は、スリーエムを変身させる可能性があるという。社内全体で知識共有と知識管理を強化することにより、この計画は、販売・マーケティングなど、ビジネスの他の部分における生産性向上にも役立つ可能性がある。

マクナニーは、自分のアイデアを社員たちに説く一方で、言葉だけではなく資金的にもその裏付けを怠らなかった。スリーエムの研究開発投資は巨額にのぼっており、会社の将来を確かなものにするべく、年間一一億ドル以上を投じている。しかし、マクナニーはこうした投資についても選別を行った。彼の生産性向上計画の重要なポイントの一つは、研究開発を、最大の商業的成功を収める可能性が高いビジネス・製品に集中させることだった。かつてのスリーエムは、研究の配分・費用という点で戦略的とはいえなかった。

マクナニーは、ウェルチの教義の一部である顧客第一という教訓を引き合いに出しつつ、イノベーションに関する彼自身の考え方を付加しながら、次のように語っている。

最も優れた、持続性を持つイノベーションは、創造性と顧客ニーズが交わる部分で生じるものである。単に研究所から優れたアイデアが飛び出てくるのではない。優れたアイデアは顧客の声によって呼び出されるものであり、適切なリソースによって補強される必要がある。

企業の実態のなかで最も明確に特定しがたい側面の一つは、多くの場合、その企業文化である（マイケル・デルは、企業文化について「実際に目にした時に初めてわかるもの」と述べている)。捉えどころのない性質を持っているにもかかわらず、最も経験豊富な企業リーダーは、その重要性を十分に認識している。彼らは文化的な公式については慎重に取り扱う。既存の企業文化の短所を改めようとして、その長所までダメにするリスクを冒すわけにはいかないからだ。マクナニーもこれを理解している。「我が社はイノベーション・プロセスの初期段階においては世界一流だと思う。これについての熱意を損なうようなことがあれば、私は大失敗してしまうだろう」

社員を自由に歩き回らせる

顧客の声の尊重を口先だけで説くのは簡単だ。しかし、大企業にありがちな膨大な雑音やゴミのような情報のなかから、社員がそうした声を聞き取るのを支援するような企業文化をつくり上げるとなると、これはまた別問題である。だがマクナニーは、次のスゴいもの(むろん、それが何かは顧客が決めることである)を思いつくことで成功を収める組織を本気で維持しようとしていた。

イノベーションを促し、研究担当者が社内の顧客との接触を絶やさないようにするために、マクナニーが打った手の一つが、一五パーセントの時間プログラムである。これは、研究担当者が自分の勤務時間の一五パーセントを、社内他部門の人間と会ったり、社内を広く歩き回ったりして仲間からの情報を求めるために使うことを奨励するという、先進的な政策である。

スリーエムは、個人のアイデアを尊重する。私が狙っているのは、廊下を行ったり来たりする、科学者につきものの特徴を守ることだ。

ここにも、マクナニー率いるスリーエムにGEが及ぼしている影響が見て取れる。GEを退く最後の数年、ウェルチは新しいアイデアと組織としての知性構築に非常に力を注ぐようになった。これは、ウェルチの思考における興味深い進化を反映したものだ。以前のウェルチは、大きいことをほぼ完全に不利な点として捉えていた。規模の大きさは、官僚主義、意思決定の遅さ、指揮命令形式、イノベーションの抑圧を意味していたのである。

しかしすでに述べたように、この点に関するウェルチの考え方は変化した。GEトップとしての最後の数年、彼は徐々に、大きいことは利点にもなり得ると主張しはじめるようになった。企業が大規模であれば、それだけ人も多く、頭脳も多く、ひいては新鮮なアイデアも多くなる、と彼は判断した。課題は、そうした知性全体を統御できるようなオペレーティング・システムをしっかり導入しておくことである。もちろん、廊下を歩き回ることはオペレーティング・システムの所産ではないが、大企業の廊下やコピー室で毎日のように生まれている非公式な会話や議論が、最も有意義な意見交換の一部が行われる場であるというのは確かに真実なのである。

廊下を行き交い、コピー室でアイデア交換――こう書くと陳腐に思えるかもしれない。だがこれによってすでに、スリーエムではいくつか重要な新製品が生まれている。それも、マクナニーが着任するかなり前の話だ。マクナニーの主張によれば、たとえばポストイットも、スリーエムの科学者たちに、まさしくこうした行動をとらせることで生まれた製品なのである。ナノテクノロジーの研究者と接着剤担当者が顔を合わせたことで、伝説が生まれたのだ。マクナニーは二〇〇四年初頭、「ポストイットで使われている接着剤は、言わば、接着剤の世界における『聖杯』だ」と宣言している。

では、年商数十億ドル規模の企業を経営しているわけでもない人間にとって、この廊下を行き交うに相当することを自社に導入するとすれば、どうすればいいだろうか。次のようなアイデアを検討していただきたい。

4Eリーダー　チェックリスト

□経営において、指令統制型と育て励ます型とを組み合わせる

マクナニーは、この二つのスタイルは両立しないものではないと考えていた。実際には、どちらか一方だけというのは不可能である、と彼はいう。彼が指令統制を主張する時、それは、マネジャーはてっぺんに座って皆に号令をかけるべきだ、という意味ではない。彼は、リーダーたる者、恐れずに判断を下し、部下がそれを実行するよう期待するべきだと言いたいのである。しかし彼は同時に、力のあるリーダーは、部下たちに関心を持ち、プロフェッショナルとしての彼らの成長に貢献する必要があると考えている。

□新たな課題・製品・市場に取り組む際に、新たなユニットや臨時の特別チームを編成する

先に述べたような非公式な集まりと同じように、さまざまな課題に取り組み新製品のアイデアを生み出すために新たな部門や特別チームを設立すると、イノベーションをうまく刺激できることがある。この発想は、特にオールドエコノミーに属する大企業で、社内の官僚主義の重みにあえいでいる企業では特に有効である。

□生産性を向上させるための単一の言語を開発する

シックスシグマであれ、その他の重要なイニシアチブであれ、全員が同じ台本に基づいて動くようにすることはリーダーとして不可欠である。これは直観的に明らかで当たり前のことのように思えるかもしれないが、多くの組織では、気づかないうちに学習・研修に関してメニュー方式を取り入れてしまい、混乱を生んでいる。これがまさしく、マクナニー以前のスリーエムが、複数の品質改善プログラムを取り入れることによって生み出していた状況だった。

□社内の誰もがCEOに対して気軽に電子メールを送れるように、格式を排除する

たいていの大企業では、厳格な指揮構造があり、全員が指揮系統のなかにとどまっていることに固執する。だがこうした厳格なヒエラルキーはイノベーションを抑圧してしまい、最も重要な情報が、それを最も必要としている人々から遠ざけられてしまう可能性がある。社内の誰もが、経営上層部に気軽に電子メールを送れるようにしないかぎり、最も優れたアイデアが底辺から浮上してくるチャンスを得られない可能性が常にある。

□最も効果を発揮する部分にリソースを配分する

これは自明のことに思えるかもしれない。だが実際には、多くの企業は業績の振るわない部門や製品ラインを立て直すために、無駄金を追加投資している。一方で、マクナニーが指摘しているように、アイデアがいくら優れていても研究所から飛び出てくるのではない。優れたアイデアには、顧客からのインプットと適切なリソースが必要なのだ。研究開発リソースの配分を、市場から告げられる情報に従って変えることを検討しよう。

第7章

「実行」する経営

――ウェルチが耳を傾けたラリー・ボシディの直言

哲学的に思索したり
「砂上の楼閣」を築いたりするよりも、
物ごとが実際に行われるのを目にするほうが、
私にとっては満足が大きい。
「実行」とは、威厳ある企業リーダーには
ふさわしくない細かな作業だと考える人が多いが、
それは間違っている。
実行こそ、リーダーにとって最も大切な職務なのだ。
――ラリー・ボシディ（元ハネウェル社会長兼CEO）

ジャック・ウェルチが、ラリー・ボシディに出会ったのは、一九七八年にハワイで開催されたGEのマネジャー・ミーティングで、卓球に興じていた時だった。ウェルチは回想録のなかで、二人がどのように激しいゲームに夢中になっていったか、そしてそれを通じてウェルチが、ボシディについて、一九七〇年代後半のGEに溢れていた精彩を欠くミドル・マネジャーとは明確に一線を画す人物だと堅く信じるようになっていったかという様子を描いている。

ウェルチは、「私は、これほどの生命力と競争心に溢れた人物に出会って非常に興奮した」と述べている。その後、ウェルチはボシディをスタープレーヤーとして、そしてビジネス上のよきパートナーであると考えた。しかし、ウェルチとGEは、ボシディがその本領を発揮するよりも前に、ボシディを失いかねない状況を迎えたのである。

〝世紀の卓球〟の試合を終えた後、ウェルチはボシディの告白に仰天させられる。ボシディは、ウェルチにもうじきGEを辞めるつもりだと告げた。ボシディは、もはや耐えられなかったのである。彼が言いたかったのは、形式主義や手続き、遅延、官僚主義、その他動きの鈍い大企業につきものの厄介な仕組みのことだった。「この会社にいると、頭がおかしくなりそうだ」というのが、ボシディの結論だった。

ウェルチはすぐに切り返した。「チャンスをくれないか」と彼は懇願した。「君は、まさにウチに必要な人材なんだ。この会社は変わりつつある」

ウェルチは約束を守った。GEは急速に、それまでとは違う場所へと変化していった。ウェルチは、ボシディをGEクレジットの最高業務責任者に昇進させ、その後一九八四年には副会長に抜擢した。GEの経営幹部のなかでも二番目に影響力の強い地位である。こうしてウェルチが企業文化刷新の軸となるGEの価値観の執筆に向けてコンサルタントを招請した時、ボシディはウェルチの右腕的な存在になっていた。

当時、クロトンビルの運営にあたっていたGEのコンサルタント、ノール・ティシーは、ウェルチについて書いた著作のなかで、一九八〇年代半ばに彼のチームが直面していた目標について次のように説明している。「クロトンビルの新たな運営チームに与えられた課題は、従来のやり方の最後の残骸を一掃し、その一方でGEの新たな理念を実証するようなプログラムを開発することだった」。どんな改革努力においても最初の重要なステップは「旧弊打破」であることが多いが、ほぼ必ずと言っていいほど、たいていのマネジャーが考えているよりも、それは困難な作業なのである。

GEの価値観を執筆した直後、ボシディは、クロトンビルにおいて、新任のマネジャーたちを集めたクラスと直接対面することになった。これはちょうど、事業撤退と人員整理が盛んに行われた、ウェルチ時代における最も苦痛に満ちた時期に当たる。

ウェルチの有名な発言に、「自分は一〇万人以上の従業員を解雇したのではない。ただ地位を減らしただけである」というものがある（この実績によって、彼はニュートロン・ジャックというあだ名を頂戴した）。しかし、実質は同じだった。解雇を免れた者も自分の将来には不安を、会社の経営陣に対しては怒りを感じ、そして不安と怒りのあいだに位置づけられる、あらゆるネガティブな感情を抱えていた。

一九八五年一〇月、ボシディが自分の証人台（クロトンビルでは「ピット＝穴」と呼ばれている）に立った時、クロトンビルにはこうした感情が渦巻いていた。勇気ある新任マネジャーの一人が、GEの経営幹部ナンバー2に対して、誰もが抱いていた疑問を大胆にぶつけた。「雇用保障（ジョブ・セキュリティ）についてはどう考えていますか」。ボシディには、自分の答えが非常に重要であることがわかっていた。事実、彼の回答は、ウェルチの思想と新生GEの双方を凝縮したものとして解釈される可能性が高かった。

クラスに参加する前に、ティシーはボシディに対し、彼がブリーフィングを望むかどうか尋ねていた。彼が非常に厳しい質問を浴びるのはほぼ確実だとわかっていたからである。しかし、クロトンビルはジャーナリストやアナリストといった外部の人間には公開されていない。したがってクロトンビルは、ボシディやウェルチが自分の思いを完全に自由に語れる場所なのである。そこでボシディはティシーに「その必要はない」と答えた。彼は単に「教室に入って、交流する」つもりだった。

さて、彼は雇用保障についての質問にどう答えたのだろうか。

この問題を提起するのは正しい。これは非常に難しいが、しかし今日的な問題だ。これに対処する唯一の方法は、人々に対して「GEには、唯一、顧客が与えてくれるものを除けば、雇用は何ら保障されない。それが市場の現実なのだ」と告げることだと我々は考えている。

このように答えることで、ボシディは自分がエッジを持つリーダーであること、そして（後でわかるように）周囲を元気づける能力を持つリーダーであることを証明したのである。こうした率直さはGEでは目新しかった。ウェルチ、ボシディ以前のGEでは、社内や研修センターでこの種の意見交換が行われることはなかった。だが、創業一世紀を迎えるGEが必要としていたのは、まさにこの種の正直さだった。官僚主義が蔓延するあまりにも多くの組織がそうであったように、GEでも自己満足が膨れあがっていた。そして自己満足は、絶え間ない改善の敵なのである。

ボシディはこの時の新任マネジャーとの対話を、心からの訴えで締めくくった。彼は、GEの価値観を熱心に信じているが、その一方で、ここにいるマネジャーの一部は同じ情熱を共有していないこともわかっている、と説明した。彼は新任のマネジャーたちに、自分がどちらの立場なのかを決めるよう促した。もし、本心ではGEの価値観に賛同できないのであれば、この会社を出ていく決断を下すべきだ、と。つまり、この点に関するボシディ自身の信念は、ウェルチのものとほぼ完全に重なっていた。バスに乗るのか、降りるのか――バスから降りるなら、出ていけ。これはリスクの伴う率直さだが、ここでもやはり結果的には、魅力的な率直さだったのである。ティシーもボシディも、クラスに参加していたマネジャーたちも、本当に元気づけられたという気分で、その場を離れたのだ。

チェンジエージェントを生み出す

ジャック・ウェルチのもとで副会長を務めたボシディは、ウェルチがGEトップの座にあった期間を通じて、重要な役割を演じた。彼は強力なナンバー2であり、ウェルチにとって、非常に有能な相棒となった。たとえば、クロトンビルをGE改革の本部にすると宣言したのはウェルチだが、このハドソン川に面した栄誉あるキャンパスに招かれなかった何千人ものミドル・マネジャーたちの意見を代弁したのはボシディだったのである。

かつてクロトンビルのトップだったノール・ティシーは、ボシディを根っからのポピュリストと呼んでいる。GE副会長としてのボシディは周りを巻き込むタイプのマネジャーで、改革をする際にできるだけ多くのマネジャーを巻き込もうと努力していた。その結果、GEは（日本の御殿場など）遠隔地でもマネジメント・ワークショップを開催し、広い範囲に拡大したGEの多くの事業から幹部たちを呼び集めることになった。

ほとんどの改革への取り組みにおいて、結局は困難な仕事の大半を実行する羽目になるのはミドル・マネジャーたちである。ミドル・マネジャーは現場に近く、実際の業務をやっている社員たちにも近い立場にある。彼らが企業としての目標・使命・価値観などを効果的に従業員に伝達することができなければ、改革への取り組みが失敗に終わる可能性は非常に高くなる。

また、経営トップから発せられるメッセージが、もっとずっと下位のほうで発せられるメッセージとかみあっていなければ、やはり改革努力は失敗するだろう。だからこそ、大規模な改革においては、ミドル・マネジャーをパートナーにすることが非常に重要になってくるのである。

ボシディは、これらの原則を理解していた。そこで彼は、ミドル・マネジャーをより積極的に巻き込むことをめざし、彼らを教育し、その支持を確保しようと努力したのである。その結果、ノール・ティシーによれば、一九八〇年代のGEで行われた研修の約半分は、クロトンビル以外で行われることになった。より幅広いマネジャー層に働きかけたことは、実行を軸とするGEの企業文化を、組織の構造のなかにより深く浸透させるうえで有益だった。またこれによって、GEはさらに機敏になり、市場で生じつつあった地殻変動に対応する能力も改善されたのである。

ミドル・マネジャーを対象としたワークショップは、非常に具体的な目的を持っていた。マネジャーたちがチェンジエージェントに変身するのを支援しつつ、GEを支える具体的で個別的な戦略やソリューションに取り組む、という目的である。たとえば、御殿場で行われたワークショップでの課題の一つは、電力システム事業（米国でのタービン販売台数は減少していた）に関して、アジアにおける新規顧客を獲得する新たな手法を考案するというものだった。

こうしたワークショップでのセッションをできるだけ有意義なものにするため、参加者の数は比較的少数に限定された。御殿場でのワークショップの場合、参加者は三〇人で、五人ずつのチームに分けられていた。また、セッションも非常に注意深く練り上げられたものだった。

たとえば、ハーバード大学（及び、日本の一流大学）の著名な教授を招いて、戦略やグローバル規模のマーケティングに関する討論が行われた。特定のビジョンがその後のできごとにどのように影響を与え得るかを理解するために、マネジャーはビジョン構築の訓練にも参加した（傑出した例として用いられたのが、マーチン・ルーサー・キングの「私には夢がある」で有名な演説である）。

また、ミドル・マネジャーやその所属部門が、企業全体としての計画のなかでどのように位置づけられるのかを理解してもらうため、GEの組織プランニングを担当するシニア・マネジャーを招いて、ワークショップ参加者により幅広い視野を提示した。こうしたセッションは、GE全体としての改革への取り組みを視野に入れつつ、ミドル・マネジャーに、社内で自分が担当する小さな部分が全体のパフォーマンスにどのように貢献しているのかを示すうえで有効だった。

マネジャーに説明責任を課す

もちろん、本当にビジネスを変化させるためにポシディとウェルチが行ったのは、ワークショップやクロトンビルでのマネジャー研修だけではない。本格的に構造的改革が必要だった（この時期のGEでは、階層を減らすとダウンサイジングがキーワードになった）。組織を簡素化し、より大きなオーナーシップ意識を浸透させるために、ウェルチがCEOに就任してから二年も経たないうちに、戦略プランニング担当のスタッフを全廃してしまった。ウェルチ、ボシディ双方とも、戦略の策定はマネジャーの職務として不可欠だと強く感じていたためである。

独立した戦略プランニング部門は、目標の邪魔になる。というのも、そうした部門が存在するせいで、マネジャーは問題を回避できるようになってしまうし、孤立化を促してしまうからだ。マネジャーに、プランニング担当者を与えてはならない。むしろ、マネジャーの任命から六か月以内に、そのマネジャー自身による包括的な戦略見直しを求めるべきだ。

戦略プランニング担当者の廃止は、GEにとって、リーダーとその担当事業とのあいだを隔てていた支柱を取り去ることにつながった。これは実質的に、マネジャーに現実を直視し、その現実に基づく戦略立案を強いることだった。従来よりもマネジャーに説明責任を負わせることで、GEは社内のあらゆる階層のマネジャーに、これまでより強いオーナーシップ意識を浸透させたのである。

この種の構造的な改革によって（共通の価値観やワークショップ、クロトンビルでの講座と合わせ）、GEの状態や心構えは改善され、そして何よりも、結果を出すという点での改善が見られた。こうした改革は、体内に実行という血が流れる企業を構築するうえで有益だった。

組織内で、よりしっかりした説明責任を構築する方法はたくさんある。たとえば、次のような方法を一つないし複数実践してみるのはどうだろうか。

●直属の部下に対し、自分にとってのその年のストレッチ・ターゲットを考えるよう求める

従業員が自分自身の能力開発プランに参加していれば、単なる従業員というよりはパートナーであると感じるようになる。こうなれば、従業員の支持も確保しやすくなるし、目標達成に向けて従業員がいっそう頑張ろうというインセンティブも生まれやすい。

●最も大きな意味を持つ成果に対して報酬を与える

報酬と最も重要な貢献とがダイレクトに結びつかない、時代遅れのインセンティブ制度を残している企業はたくさんある。自社のインセンティブ制度を見直して、最も大きな効果を生むような的確な成果に対して、報酬の支払いが直接リンクするようにしよう。

●企業としての価値観やコミュニケーション、研修などを通じて、説明責任を強化しよう

説明責任は、シニア・マネジメントによって絶えず補強する必要がある。説明責任を、主要な活動やオペレーティング・システムに盛り込んでしまおう。マネジャーに対しても従業員に対しても同じように、オーナーシップと説明責任が物ごとの新たな秩序であると告げ、このメッセージが社内の隅々にまで伝わるようにしよう。

実行に関する本を書く

アライドシグナルを経営するためにGEを離れ、後にハネウェルに移っても（二〇〇〇年にウェルチが買収しようとして失敗した、あのハネウェルである）、ボシディはウェルチの変わらぬ友人だった。アライドシグナルで品質管理プログラムであるシックスシグマについて学んだボシディは、ウェルチに対し、もしウェルチがGEにシックスシグマを導入すれば、本を一冊書けるくらい品質管理がよくわかるようになると言った。ウェルチはこの友人の言葉を信用し、シックスシグマを熱心に実践した。こうしてシックスシグマは、リエンジニアリング以来、最も盛んに話題にのぼる経営イニシアチブとなったのである。

つまり、ボシディの勧めがあったからこそ、ウェルチは本を一冊書けるくらい品質管理に詳しくなったわけだ。だが、実行について実際に本を書くことになったのは、当のボシディだった。前述した『経営は実行——明日から結果を出す鉄則』は、著述家でコンサルタントのラム・チャランとの共著として執筆され、ニューヨーク・タイムズ紙による二〇〇二年のベストセラー第一位となった。ウェルチの右腕だったボシディは、経営に関する代表的な識者として、またベストセラーの著者として名を上げたのである。

「実行」のできないリーダーは、もはや「放し飼い」にはしてもらえない。今日のビジネス社会における未解決の大きなビジネステーマは、「実行」なのだ。

ボシディとチャランは、実行こそが、真のリーダーとその他大勢を隔てる新たな通貨だと説明している。彼らの主張によれば、紛れもない実行志向の企業文化を育むことによってのみ、リーダーは本当の信頼を勝ち取れるという。さらにボシディとチャランは、実行に関する三つの要件（及びあらゆる組織の成功にとっての意義）を次のように表現している。

実行は、秩序であり、戦略に不可欠である。
実行は、企業リーダーの主要な任務である。
実行は、一つの組織の文化における中核的な要素でなければならない。

この三つの要件を注意深く読むと、面白いことがわかってくる。つまり、この三つはすべて、一貫性について語っているのである。実行とは、時折、たまに生じるものであってはならない。それは秩序であり、中核的要素であり、リーダーの主要な任務なのだ。そして、ひいては、全員の主要な任務なのである。

またボシディは、シックスシグマなど他の全社的なイニシアチブと同様、実行についても、会社がそれに関する研修を行い、常にそれを社員に実践させなければ実を結ばないと指摘する。また彼は、社員の大多数に対して研修を行わなければ、実行が根づくことはないと述べている。

実行を組織の隅々まで確実に浸透させるには、その組織のリーダーが、実行を常に真正面に掲げ続けなければならない。やや違う言い方をするならば、実行を企業としての主要な優先課題とし続けるのは、シニア・マネジメントの責任なのである。その責任を誰かに移譲するわけにはいかない。そして、さまざまなレベルで同時に取り組んでいかなければならないのである。

「実行」を秩序にするというのは、つまり、やるべき仕事を完遂するということだが、ただしそれは、幅広いシステマティックな視点を伴っていなければならない。すなわち、使命となる目標が、その達成へと自分を導いてくれるツールや数値、人員、プロセスに統合されている、そういう視点である。簡単に言ってしまえば、実行のできない組織は、落伍してしまうのである。

評価基準の活用

ボシディは、自著の販売キャンペーン中に行われたあるインタビューのなかで、効果的な企業文化改革にとって、真に重要なポイントの一つは説明責任であると述べている。またボシディは、自分の三四年のキャリアにおいて成功に決定的な役割を果たした要素として、評価基準に対する深い信念を支持している。

きわめて厳密な説明責任と、自分がどの程度貢献しているかを測る評価基準がなければ、改革は実現しない。私としては、企業は二年単位の計画を基準として、自社の財務パフォーマンスを測定するのがいいのではないかと思う。

第I部でも述べたように、ウェルチに対して、(まさに評価基準の申し子のような)シックスシグマは本物であると説得したのはボシディである(かつての上司であるウェルチにシックスシグマを説明する時に彼が使ったのは、「これは決して『B級品』ではない」という言葉だった)。ボシディが、この統計的手法に基づいた品質管理プログラムを学んだのは、一九九一年にアライドシグナルに移った時だった。

だが、シックスシグマの導入は、ウェルチにとっては最も避けたいことだった。彼はそれまで、企業経営における流行(品質サークルだのリエンジニアリングだの)に、それなりにかかわってきていた。いまさら、いずれ破綻してしまうようなイニシアチブに本格的に飛び込んでいこうという気にはなかなかなれない。だが、ボシディの説得力と、ウェルチがボシディに対して抱いてきた長年の信頼が、結局は勝利を収めることになった。

シックスシグマはGEにとって強力なツールとなるとボシディに説得されたウェルチは、ボシディをGEに呼び、ボシディにとってかつての同僚たちの多くを含むGE経営チームの前でプレゼンをやらせた（ここで注意しておくべきだろうが、ウェルチ以前の時代には、CEOが潜在的に競合する企業の関係者を招いて、トップレベルの幹部の前で話をさせるというのは、あまり一般的なやり方ではなかった）。この時も、そうした状況に置かれたボシディは、自分の中核的な信念を繰り返し強調した。

測定の対象にしなければ、完遂できない。

ボシディは集まったGEのお歴々に対して、「シックスシグマは、物ごとが『確実に』完遂されるような形で、物ごとを測定するものだ」と述べた。あらゆる点から見て、ボシディは説得力のある人物だったが、聞く側のGE幹部たちも、測定することの効果を信じやすい傾向を持っていたとも考えられる。結局のところ、ボシディ自身も、評価基準のパワーを学んだのはGE勤務時代だった。その頃ウェルチは、生産性の改善、在庫回転率、純利益、そしてもちろんGEの株価や株式時価総額について具体的な目標を設定していた。ボシディは単にGEに里帰りしたわけではない。彼は、言わば聖歌隊の前で説教をしていたのである。

ボシディがアライドシグナルの経営者となった時、彼自身も多くの問題に直面した。一朝一夕の解決策はなかった。改革の努力が実を結ぶには何年ものハードワークが必要になりそうだった。また、ボシディは組織としての考え方を変え、人々がすべてを問い直すようにしなければならなかった。

数年経って、アライドシグナルとハネウェルの合併が発表された後、ボシディが望んだのは、彼がアライドシグナルで築き上げた勢いを合併後の企業が失わないことだった。こうした事態を防ぐために、彼は、企業統合チームを監督する二人の幹部の一人に、アライドシグナルでシックスシグマ及び生産性を担当していたバイス・プレジデントを任命した。

シックスシグマは、ハネウェルでも成功した。組織の隅々にまで浸透するよう、我々が大いに力を注いだからだ。我々は、シックスシグマの評価基準を、すべてのリーダーを対象とする年次経営能力評価の一環として採用した。

またボシディは、シックスシグマを各ユニットの業務計画に統合するよう主張し、各ユニットに進捗報告を提出させるようにした。シックスシグマを組織の末端にまで推し進め、それによってすべてのユニットに優れたリーダーを生み出すことにかけては、ボシディはウェルチと同じくらい熱心だった。ボシディは、決してボールから目を離さなかった。すべての関係者（株主、従業員、マネジャー）に対して、シックスシグマは六パーセントの生産性向上を永遠に続けるうえで最も重要な原動力になる、と訴えた。

プロセスの改善を確認、制度化ないし維持することが、我々のシックスシグマへの取り組みを成功させるうえで必須である。

結局のところ、シックスシグマに関するあらゆる努力、測定や投資は、ボシディが業績を好転させるうえで有益だった。アライドシグナルでは、一株当たり利益が31四半期連続で健全な二桁成長（一三パーセント以上）を果たした。ボシディの成功を支えた要因の一つは、彼が、顧客のニーズに向けて社内を結集させる能力を持っていたことである。アライドシグナルの業績が非常に印象的であったからこそ、ハネウェルも一九九九年、同社の買収を持ちかけ、しかもボシディを新会社の会長に据えたのである。

4Eリーダー　チェックリスト

□組織の末端まで、研修を浸透させる

どのような改革イニシアチブを立ち上げる場合でも、メッセージが組織の隅々にまで届くようにするために、できるかぎりの支援が必要になるだろう。この努力に動員できるマネジャーの数は多ければ多いほど望ましい。そのためには、マネジャークラスの人間全員に、その取り組みの価値観とコンピテンシーを繰り返し説くことである。

□社内のリーダー全員に、6か月計画を考えてもらう

シニア・マネジャーの信頼性を保ち、組織内の自信を維持するためには、組織内に説明責任が存在しなければならない。リーダーたちから6か月計画を提出してもらえば、何が誰によって行われているのか、また、どんな調整が必要なのかがはるかによく把握できるようになる。

□組織を幅広いシステマティックな視点から眺める

組織が一貫した実行力を持つようにするには、多くの物ごとを同時に調整しなければならない。ボシディは、ミッション、評価基準、ツール、人材、プロセスといった変数をすべて同期させなければならないと説明している。こうした重要な実行要素のなかに、一つでも弱い部分があると、企業としての実行能力が損なわれてしまいかねない。

第8章

4Eリーダーの底力に賭ける

――ロバート・ナーデリによるホームデポ再建

我が社の中核目標は、
私たちが手に触れるすべてのものを改善することだ。
その中核目標の下に、
「コアの強化、事業の拡張、市場の拡大」という戦略がある。
この三つは、いわば御影石に刻まれたもので、
いつまでも変わることはない。
――ロバート・ナーデリ（ホームデポCEO）

こんな場所に自由世界のリーダーが現れるとは、誰もが予想していなかっただろう。

二〇〇三年末、ジョージ・W・ブッシュ大統領が突然現れたのは、（こともあろうに）メリーランド州ヘイルソープ郊外にあるホームデポの店舗だった。第四三代合衆国大統領の隣に立っているのは、全米第一三位の規模を誇るホームデポのCEO、ロバート・ナーデリである。

ナーデリは、企業・州・国家を問わず、さまざまな最高指導者を知己に持っている。筋金入りの共和党員であり、ブッシュの支持者であるナーデリは、少なくとも三回はホワイトハウスを訪れたことがある。そのうちの一回などは、ブッシュ大統領自ら、ホームデポCEOに対して、イラクに派遣されたホームデポ従業員への支援に感謝を捧げたほどである。

大統領と親しく交際するというのは、（ジェームス・マクナニーとともに）ジャック・ウェルチの後継者になり損ねた人間としては悪い結果ではない。二〇〇〇年末、ウェルチがジェフ・イメルトを後継者に決定すると、その翌日には、ホームデポがナーデリに声をかけていた（ナーデリに言わせれば一週間はかかったとのことだが）。こうしてナーデリは、ホームデポにとって、創業以来二十余年で初の外部から迎える経営者となったのである。ナーデリが消費者向けの小売り・直接販売という分野で何の経験も持っていないことは、問題ではなさそうだった。他の多くの企業と同様に、ビジョナリーによって設立されたホームデポは、インフラが成長に追いつかない状況にあり、針路をまっすぐに直してくれる有能で豪腕の艦長を切実に求めていたのである。

ナーデリは、確かな名声を獲得していた。年商六〇億ドル規模だったGEパワーシステムズを、五年のあいだに年商一五〇億ドルまで成長させたのである。ウェルチは、GEに在籍した四〇年間で、これを上回る数値を叩きだした幹部は他にいないと主張していた。ウェルチは、ナーデリがあげた財務実績は、ウェルチ自身も含めて、GE史上どんなマネジャーと比べても最高であるとまで公言したほどである。

ナーデリは、三〇年近くGEに在籍し、ホームデポに転職する前にトップを務めた部門は一ダースを超えていた。

GEにおける最後のポストとなったGEパワーシステムズCEOとしてのナーデリは、五〇社以上の企業を買収し、利益成長率は七〇〇パーセントという驚くべき数字に達した。GEで人事を担当した幹部ビル・コナティは、「彼の実行力の高さには、ジャックと私もよく驚かされた」と話している。

第五のE？

実行力の高さに驚嘆する――これは、ナーデリという人物と、その業績に対する反応の描写としては適切である。ほぼ三〇年にわたるGE勤務中に、彼はリーダーとして多くの地位を歴任し、そのたびに、驚異的な数値を実現し、あらゆる期待を凌駕することで、その使命に応えてきた。二〇〇五年、（GE、ホームデポ双方において）四つのEを具体的にどのように活用してきたかを問われた時、ナーデリは、四つのEがリーダーシップのすべてだと考えるべきではないと警告している。その一方で、彼は四つのEに関する非常に興味深い事実を明らかにしている。

私は、いくつかの「E」を追加した。「実行（Execution）」を追加したし、ホームデポに来てからは、もう一つのE、つまり「忍耐力（Endurance）」を追加した。ホームデポの店舗は、年に二日しか休まない。感謝祭とクリスマスだけだ。だから、「忍耐力」もやはり、小売業界においては非常に大切な「E」なのだ。

ウェルチが当初書いていたのは三つのEだけであり、第四のEは後から追加されたことを覚えておいでだろうか。第四のEを追加したのは、ジャック・ウェルチではなく、ロバート・ナーデリだというこことがあり得るだろうか。そうだとしたら、これはやや皮肉な話である。というのも、四つのEすべてを考案したのはウェルチだとされているし、実行を標題に冠したベストセラーの共著者となったのはラリー・ボシディなのだから。

何にせよ、ナーデリが、誰もが感嘆するような実績を積んできた企業リーダーであることについては、誰も異論はあるまい。そして確かに、（彼自身が加えた忍耐力も含め）五つのEをすべて体現する人物である（彼はニクソン政権時代にGEに入社し、約三〇年も在籍し続けた）。ホームデポは、年間三六三日、曜日を問わずいつでも営業している。これと同じく「私どものドアはいつも開かれています」という世界最大の小売企業ウォルマートの姿勢は、ウォルマートの成功を支えた要因の一つでもある（著者が二〇〇三年に行ったインタビューのなかで、ウォルマートの前ＣＥＯデビッド・グラスは、ウォルマートがこれほどまでに成功した理由の一つは、ウォルマートの競合相手が週末は休んでしまう小規模な店舗だったからだと述べている）。

ナーデリの紛れもない成功の秘訣は、何だったのか。二〇〇五年の冬に著者の代理が行ったインタビューのなかで、ナーデリは、ＧＥ時代に積んだ研鑽について、熱烈な言葉で語った。「私はＧＥで、さまざまなビジネスや市場について学ぶ機会をとてもたくさん与えられた」。さらにナーデリは、およそ考えられるかぎり、最も優れた職業的・教育的環境を享受できたと述べている。では、こうした研鑽の成果は何だったのか。

私が習得したのは、あるビジネス、市場、業界を評価して、組織内の人間にとって刺激的なビジョンを生み出すような、非常に求心力のある実行可能な戦略をまとめる能力だ。

ＧＥ時代のナーデリは、実に一三種類もの事業を率いてきた。ウェルチ後継レースが進んでいくなかで、ますます明らかになっていったのは、ＧＥトップの座を得られなかった二人の候補者は、米国企業社会のなかで、外部に開かれているＣＥＯのポストがあれば、多少なりとも自分の好きなように選べるだろうということだった。いや、あまり外部からは人をとらないポストでも、提供される可能性があった。このことを悟ったウェルチは前例のない行動に出た。彼は三人の後継候補者に対して、もし後継者に選ばれなければGEを離れなければならない、と告げたのである。

それからウェルチは、引き継ぎをできるだけ円滑に進めるため、それぞれ、六か月間で自分の後継となるCEOを訓練しておくようにと伝えた（GEでは、主要な事業セグメントのトップにはCEOの称号が与えられる）。それからウェルチは、そうやって選ばれた三人の候補者の後継CEOが誰であるかを公表したのである。

ウェルチは、何を考えていたのだろうか。第一に彼は、後継の座を逃した二人は、いずれにせよ九九パーセントの確率でGEを離れるだろうと理解していた（有能で競争力のある幹部は、他の者に追い抜かれた後も同じ企業にとどまろうとはしないものだし、またそれだけの人材なら、とどまる必要もない）。

しかし、ウェルチは彼なりに、GEにとっての最善の利益は何かということも考えていた。トップの座をめぐる派手な後継レースは、社内を動揺させていた。ウェルチは、少なくとも、自分の引退をキッカケに生じる「小規模な」三つの後継争いだけは決着させておくことで、多くの噂や憶測に対抗しようと決意したのである。イメルト、マクナニー、ナーデリの後継者として、彼は三人のAプレーヤー幹部を選んだ。偶然にも、その幹部たちは皆四三歳（当時）だった。

この三人のスタープレーヤーを各事業部の新CEOとして任命したことは、ゲームをがらりと変える

できごとだった。私も含め三〇万人の社員は、自分たちの会長が誰になるのか、まだわかっていなかったが、GE最大の事業部三つに所属する社員は、自分の部門の次期CEOが誰になるのか正確に知らされたのである。

マクナニーと同様、ナーデリも、自分がウェルチの後継者となれなかったことをウェルチ自身の口から告げられた。ウェルチは社用機を避けてチャーター機を使って、ひそかに三人の候補者の家を訪れ、直接その知らせを伝えたのである。ナーデリは、ウェルチが自分を選ばなかったことを信じられなかった。「検死解剖でもしてもらいたいですよ」と、彼はぶっきらぼうにウェルチに言った。

イメルトがウェルチの後継者となったことをGEが発表した直後、ナーデリはGEの取締役であり、ホームデポの関係者でもあったケン・ランゴーンからの電話を受けた。「たぶんいまは、このうえなくひどい気分だろうけど、君はいま、大きなチャンスをつかもうとしているんだ。そして、そのチャンスをもたらすのが私の役目なのだ」。だが、ナーデリに声をかけようとしているのがホームデポ一社ではないことはすぐに判明した。コダック、フォード、ルーセントといった企業が、ナーデリ獲得に向けて名乗り出たのである。

七日も経たないうちに、ホームデポはCEOであり創業者の一人でもあったアーサー・ブランクを解任し、ナーデリのためにCEOのポストを空けた。ナーデリは、おまえは優秀だが十分に優秀ではないと父親に言われた野心的な息子のように、自らがウェルチ一家の誉れとなる存在であったし、現在でもそうであることを証明しようと猛烈に働いている（念のために書いておくが、ナーデリ自身はそうした意図があることを否定している）。

とはいえ、彼が働くことを善とする考えの持ち主であることは疑いようがない。ホームデポCEOという新たなポストに就いたナーデリは、早朝六時一五分に出社し、たいていは夜九時まで仕事をしている。ナーデリの前任者であるアーサー・ブランクでさえ、ナーデリのハードワークぶりは信じがたいようだ。ブランクはナーデリの猛烈な働き方について、「あれはもう仕事というより生活そのものだ」と評している。

点をつなげる

二〇〇四年末、ビジネスウィーク誌は、識者であればたいていは知っていることを指摘している。「ジャック・ウェルチのもとで、GEは米企業社会における最も充実した幹部チームを構築した」。そのなかでも、重要な鍵となっていたのがナーデリだった。ナーデリは一九七一年にGEに入社し、その後、CEOとして率いたGEパワーシステムズをエネルギー産業におけるグローバルなリーダーへと発展させた。

彼がそうした発展を実現するためにやったことは、事業をサービス分野にまで拡大し（製品及びサービスによるソリューションを提供した）、それと同時に多くの新製品を生み出すことだった（彼がCEOを務めた時期、同部門の新製品・サービスは、それ以前よりも五〇パーセント以上も増加した）。GEでの経歴は、ホームデポCEOという新たな地位においても非常に役に立った。しかしGEを離れることによって、彼は、GEの取締役会には持ち込むことができなかった要素をホームデポに持ち込むことになった。それは「部外者としての視点」である。家庭用品小売り部門の巨大企業ホームデポにおいて、彼が新たな事業やビジネスモデルを生み出すうえで役に立ったのは、こうした部外者としての視点だった。

たとえば、ナーデリは二〇〇五年初頭に次のように説明している。「四年前には、サプライ事業には参入していなかった。現在、この事業は年間約三〇〜三五パーセントで成長している。本体事業と企業買収双方により、製品ポートフォリオは拡大しており、現在では、以前では考えられなかったような顧客にも対応している。我が社の提供内容の広がりは、製品の拡大というだけではなく、むしろ顧客基盤の拡大を反映するという意味で市場機会の広がりを反映している」

リーダーシップ開発と後継計画を重視して、研修に六億ドル以上投資し、二〇〇四年だけでも延べ学習時間二三〇〇万時間を費やすという点でも、ナーデリのやり方はGE流である。また、ナーデリは、三つの独立したリーダーシップ開発プログラムを創設した。幹部リーダーシップ開発プログラム、上級リーダーシップ開発プログラム、店舗リーダーシップ開発プログラムである。しかし、ナーデリによるホームデポ再生の真骨頂は、あらゆるシリンダーに同時点火する点にある。ナーデリは二〇〇五年初頭、今日のますます複雑化するグローバル市場において企業を成功へと導くために何が必要か、次のように語っている。

それは、「点」をつなげていく能力、つまり市場を観察してメガトレンドを評価する能力、将来や経済をありのままに見て、景気循環やグローバルな不安定さ、通貨変動などに耐え抜くことを可能とするようなイニシアチブや行動項目を導入する能力である。

カウボーイ気質（自由放任）の企業文化の全面見直し

多くの偉大な企業と同じく、ホームデポも、カリスマ性が強く、豊かなビジョンを持つCEO（バーニー・マーカス）によって設立された。また、データに強い人間（アーサー・ブランク）による支援もあった。

マーカスとブランクは一九七八年、「作り手による、作り手でない人のためのサプライ用品店」としてホームデポを設立した。スタートから滑り出しは好調だった。

三年も経たないうちにホームデポは株式を公開し、一九八四年には店舗数は三〇店舗を超え、売上高は四億ドルを大きく上回った。一九九六年には、驚くべき偉業を達成した。なんと40四半期連続で成長率・純利益が過去最高を更新し続けたのである。一九九〇年代を通じて、ホームデポの株式時価総額は実に三七〇〇パーセントも増大した。

ところが、二〇〇〇年になると、ホームデポは8四半期連続で成長率鈍化というさんざんな結果となった。顧客サービスはお粗末になり、同社のトレードマークである巨大なオレンジのビッグボックス店舗は、乱雑な倉庫のごとき有様を呈するようになった。こうしたオペレーション上の綻びを突いて、競合他社は、巨大小売企業ホームデポの縄張りに攻め入ってきた。

たとえば、ウォルマートは業界最低価格を武器にホームデポの背後に迫り、業界第二位のロウズは、高級品市場でホームデポへの攻勢を成功させ、同社の市場シェアを崩していった。女性やファミリー向けの訴求においても、ロウズのほうが一枚上手だった。さらに、ホームデポはもっと根本的な問題を抱えていた。各店舗がそれぞれ孤立していたのである。店長同士のコミュニケーションはなく、電子メールでのやり取りさえなかった。つまり、仕入れ機能もバラバラなら価格戦略も別々、以下同様、という状況だったのである。

言い換えれば、分権化がホームデポをダメにしていたわけである。第二次世界大戦後、組織上の原理として分権化を初めて採用したのは、「ゼネラルズ」（つまりゼネラルモーターズとゼネラル・エレクトリック）である。しかしこのモデルは、戦後の一時期には確かに利点もあったが、広範囲に広がったユニットや事業部を管理するために、官僚主義的な階層を増殖させるという面も持っていたのである。

一九八〇年代になると、ほとんどの経営評論家は、分権化という実験はその役割を終え、このモデルはすでに効力を失っているにもかかわらず生き延びていると考えていた。二〇〇〇年代初頭のホームデポは、（文字どおり）社内をまとめあげる方法を見つけようと必死になっていた。

たとえば、ホームデポには九つの地域支社があり、それぞれが、分権化された仕入れ方針を採用していた。つまりホームデポは、その規模や調達能力の大きさを活用していなかったという意味である。中西部の工具メーカーの一つは、「まるで九人の妻を相手にするようなものだった」と話している。

こうした「カウボーイ気質（自由放任）の企業文化」（と名づけたのはフォーチュン誌のパトリシア・セラーズである）は、他にも至るところに顔を覗かせていた。景気後退が深刻になるにつれて、在庫はますます積み上がっていった。社内は煩雑な書類手続きに溢れていた。ホームデポの元マネジャーによれば、当時は、まったく同じテーマについて、電話があり、電子メールが届き、メモもファックスも届くという有様だったという。また別のマネジャーは、二一日間のうちにさまざまな送り先から受け取った膨大な文書を貼っていったら、文字どおり、天井も床も壁も、窓に至るまで、すべてが塞がってしまったという。

二〇〇三年春にナーデリは、収拾がつかなくなっている書類業務について聞かされると、断固たる行動に出た。不必要な無駄を撤廃し、二〇〇〇万ドルを投じて負荷管理ソフトウェアを導入した。彼は、ジャック・ウェルチがGEから官僚主義を排除する施策の実行にも携わっており、ホームデポでも、同じように断固としてやればできるという姿勢を導入すると心に決めたのである。ナーデリの言葉遣い（及び彼が採用したシナリオ）は、彼がＧＥで学んだことに立脚していた。たとえば次のような言い方である。

我々は、ホームデポに、起業家精神の育成を奨励し、継続しながら、同時に、自社のプログラムやイニシアチブにプロセスと数値評価面での説明責任を導入するような環境を生み出そうと努力してきた。

また彼は、断固として無駄や重複、過剰さを減らしていった。たとえば、ホームデポ社内に実に一五七種類以上もの業績評価方式があることを知ったナーデリは、二〇〇二年半ばには、それをわずか二種類に減らし、マネジャー・従業員合わせて三〇万人を数えるホームデポ全社員が、その方式で評価されるようにした。しかしナーデリは、創業当初のホームデポにとって非常に効果的であった多くの要素が、現在ではむしろ足かせになっていることを厳しい経験を通じて知らされた。

ホームデポは、創業者とともに成長してきた企業だ。しかし、私の評価としては、このままでは将来的に我々が望んでいる場所にはたどり着かない。ここには、非常に分権化された事業がある。私が気づいたのは、さまざまな景気循環過程において持続性を確保するために必要な基本的なインフラストラクチャーがここには欠けているということだ。

ホームデポに限らず、大規模な組織を改革しようと努力する者が直面する大きな課題が、企業文化を変えることである。意味のある変化を実現するには、ナーデリとしては、シニア・マネジャーを飛び越えて、ホームデポという企業の中核をなす数千人のマネジャーや従業員に働きかける必要があった。「現在では、店舗レベルにまで定期的にコミュニケーションをとっている。戦略や中核的目標についても、理解が深まり、しっかりと支持されるようになっている」

ナーデリは、企業文化の点で意味のある変化を実現し、生産性主導の考え方を社内全体に浸透させるためには、マネジャーにも従業員にも同じように、そうした変化を引き起こすために必要な手段を提供しなければならないと考えていた。他の有能なリーダー同様、ナーデリも、どれほど戦略が優秀であっても、適切な人間がそれを実践しないかぎり、無意味だということを理解していたのだ。彼は、社内のリーダーたちと現場で過ごす時間を増やすよう習慣づけ、ホームデポという企業とそのコンピテンシーを強化し、ベストプラクティスを広めていく努力を通じて、社内の組織により深く踏み込んでいった。

我々は後継計画について話し合う予定だった。私がCEOに就任して以来、ホームデポでは店長フォーラムを実施していた。社内の全店舗の店長が一堂に会する機会である。店長補佐、地区マネジャー、地域担当副社長についても、これを導入した。こうして我々は、緊密な連携に重点を置き、また人々が耳を傾け学習することを可能とするような文化を重視する、非常に透明性の高い組織づくりに本気で取り組んだのである。

最初のうちこそ、ナーデリ自身もホームデポもいくつかの障害に突き当たったものの、ナーデリが発揮したリーダーシップは、状況を好転させるうえで有益だった。一つにはホームデポの過去に囚われていないこともあって、ナーデリは、ホームデポを正しい軌道に戻すために必要な厳しい決断を下すことができたのである。

シンプルな戦略が最も成功する

ナーデリは、GE流のやり方でホームデポを再生させた。彼は、ホームデポが「フォーチュン五〇」に名を連ねる企業というよりは、ゆるい連携を組んだ同盟のような形で行動していることにすぐに気づいた。調達においてもマーケティングにおいても非常に大きな影響力を行使できるはずなのに、ホームデポはむざむざそれを放棄していた。

ナーデリは、時間を無駄にすることなく改革を実施した。仕入れ先との契約は本社に集約し、オペレーション面でも改革を進めた。シニア・マネジャーはほとんど入れ替え、組織構造の点でも、階層を減らしてフラットにした（ウェルチもGEで同じことをやっている）。ナーデリの戦略は決して複雑なものではなく、わずか三つの文で表現できた。

我々の戦略は非常にシンプルだ。「コアの強化」「事業の拡張」「市場の拡大」である。各カテゴリーでどの企業がトップなのかを見極め、その企業に勝つ方法を見つけなければならない。

ナーデリは、自分の戦略の各部分に関連して、非常に具体的なアイデアやイニシアチブをいくつか用意していた。

●コアの強化

ナーデリは、生産性を高め、時代遅れとなった社内の情報システムを新たな世紀にふさわしいものにするために一〇〇億ドル以上を投資した。その一部は在庫管理システムと、インターネットベースの店内販売端末（顧客に数千品目もの特注品を提供する）に用いられた。ロウズとの戦況を好転させるため、彼はより利益率の高い製品を提供し、それによって平均客単価を上昇させようとした。

●事業の拡張

新たな店舗、新たな形式、新規事業は成長を加速させる、とナーデリは主張した。二〇〇三年、ホームデポは一七五か所の新規出店を行い、従業員数の純増数は米国内主要企業のなかで最も多かった。

研修は最優先課題とされ、同社の店員（アソシエイツ）は延べ二一〇〇万時間もの研修を受けた。

●市場の拡大

また、ナーデリは米国外にも手を伸ばした。二〇〇三年末までに、ホームデポはカナダ国内に一〇〇店舗以上出店し（計画ではもっと増加する予定）、メキシコにも複数出店、中国その他の高成長市場への拡大も計画している。また、住宅建設会社の他、保守・修理分野などの専門職に対しても、成長市場として積極的に働きかけている。

実行を担うのは人

人事面でナーデリが導入した重要なイニシアチブの一つが、ＳＯＡＲ（Strategic Operating and Resource Planning：戦略的業務資源計画）である。ナーデリは以前からずっと、どんな戦略であれ、それが実行されるのは、人的資源を通じてであると学んでいた。そこでホームデポは、経営陣と社内全体の社員による質的・量的な期待を明らかにするようなパフォーマンス・マトリクスをはじめとした一連のイニシアチブを実施したのである。それから、ナーデリは多数の体験学習を導入し、幹部、マネジャー、店長などを対象にした一連のリーダーシップ開発プログラムを立ち上げた。

二〇〇四年秋までには、八〇〇〇店舗以上でセルフサービスのレジカウンターが導入され、すべての店舗が、何らかの面で、現代化に向けた社内の取り組みに参加していた。ナーデリは、ドラッカーの金言「構造は戦略に従う」を理解していた。彼は専門的な建設市場のニーズによりよく対応できるよう組織を再編した。

自らの戦略を特定して、それを支えるように組織をつくらなければならないと思う。実際に差を生み出すのは、人的資本・物理的資本双方を含めたリソースの配分だ。リーダーシップのレベルでは、いまも大きな改革を進めている。

ナーデリの戦略は、最終的には大きな成果をもたらし、ホームデポの売上高・営業利益の増大に貢献した。だが、こうした成功には時間がかかった。いや、元GE幹部であるナーデリにとっては、時間がかかりすぎたと思えたに違いない。実際、ナーデリがCEOに就任してから最初の数年は、ホームデポの業績は非常に不安定だったのである。

「ウェルチの右腕が来てくれた！」というナーデリ着任の喜びは、あっというまに消えてしまった。ハネムーン期間は終わり、投資家の信頼は低下し、ホームデポの株価は下落を始めた。第二のジャック・ウェルチに擬せられた人物は、突然、不良品扱いされるようになってしまったのだ。

少なくともメディアでは、ナーデリとホームデポはそのように扱われはじめていた。しかし、ナーデリ自身は長期的に考えていた。

私は、経験から学んだ。時には、勝利のためには失敗も必要なのだ。

ナーデリが改革の導入を急ぎすぎたという声は多い。ホームデポは、GEと同じような企業ではないという批判だ。複数企業によって構成される企業体でもないし、そもそも消費者向けの小売りビジネスは、航空機エンジンやタービン製造、エネルギー事業とは似ても似つかない。ナーデリを批判する人々は、GEの企業文化とホームデポの企業文化はこれ以上ないほど異なっている、と指摘した。GEは、共通の価値観によって結びついたパフォーマンス重視の企業文化を持っていた。ホームデポの企業文化は、もっと自由で独立心が強いものだった。

だが、ナーデリはこうした批判が間違っていることを確信していたし、それはいまでも変わらない。フォーチュン誌から、「もっと別のやり方をすればよかったと思うことはあるか」と問われて、彼は次のように答えている。

もっと迅速に動けばよかったと思っている。［中略］戦略の発見にしても、それを実現する力という意味でも——もっとすばやくやれればよかったのに、と思う。小売企業のあるべき姿に比べれば、我々は迅速でも機敏でもなかった。ある市場分野では、近代化された店舗のほうが従来の店舗よりもよい業績をあげている。それがはっきりしているのだから、もっと迅速に動いていれば、もっと早くから結果が出ていたはずなのだ。

恐らく偶然ではないのだろうが、「もっと迅速に動けばよかった」というのは、GEトップの座に就いてから一七年後にウェルチが語った言葉と同じである。ウェルチは、企業文化の改革やサービス事業への取り組み、シックスシグマの導入などを進めるうえで、もっと迅速に動くべきだったと語っている。こうしたスピードと変化に関するウェルチの本能をナーデリも共有しているのは明らかだ。

ウェルチとナーデリには、他にも共通点がある。ほとんどの人は忘れているが、ウェルチはGEのトップに就任して最初の数年、メディアには不評であった。ロサンゼルス・タイムズ紙からは「米国国民とは呼べない」と決めつけられ、他のほとんどのメディアからは「ニュートロン（中性子）・ジャック」とあだ名された。一九八四年に家庭用品部門を売却すると、ニューヨーク・タイムズ紙は「ゼネラルモーターズが自動車製造を突然やめるのと同じ」と酷評した。ウェルチが何をやってもメディアでは断罪されるかのようだった。

年商数十億ドル規模の企業では、改革努力が実を結ぶには何年もかかる――これが厄介な現実なのである。それなのに、メディアの厳しい注目のもとで、今日の企業CEOに対しては、就任直後から結果を出さなければならないというプレッシャーが高まっている。利益予測を（一セントでも）下回ったら、ウォール街はさっそくその失敗を咎め立てするだろう。

たとえば、ナーデリがホームデポCEOに就任する数か月前、当時のCEOだったアーサー・ブランクが、その年度のホームデポの収益悪化を警告すると、投資家は敏感に反応し、ホームデポの株価は一日のうちに二八パーセントも下落した。ホームデポにとっては、創業以来、最悪の一日だった。ナーデリ着任後はこれほどひどい日はなかったものの、彼もこうした失望をある程度引き起こしている。ウォール街は、ナーデリに対してもホームデポの株価に対しても厳しい目を向けていた。ある時点では、ホームデポの株価はナーデリ着任時に比べて半分まで下落した。

だが、ナーデリの改革努力が実を結び始めると、株価は反騰した。ある時など、一八か月もしないうちに株価が二倍に膨れあがったこともある。

リーダーである以上、他の者から見れば愚かで間違っている決断を下さねばならぬことも多い。毎日のように批判派から叩かれているなかで自分のプランにこだわるには、エッジが必要である。ナーデリはメディアから、怒りっぽいリーダーと見られてきた。ウォール街の過敏な反応と、メディア関係者のそら見たことか的な態度は、彼を苛立たせている。「株価は、戦略の後についてくるものだ」とナーデリは主張し、なおも自分のやり方にこだわり続けている。彼の目標は、ホームデポを年商一〇〇〇億ドル規模の企業に育て上げることだ。再生の努力がなければ、世界最大規模のDIY用品リテイラーであるホームデポといえども、時代遅れになるリスクがあるとナーデリは理解している。

内部の変化のペースが外部の変化のペースより速くなければ、置いていかれてしまう。我々はビジネ

スモデルを変えなければならない。「ここ」までたどり着いた方法では、「向こう」までは行けない。

構造は戦略に従う

ナーデリの戦略の一つは、事業を拡張しつつ、同時に市場を拡大することである。サービス事業に飛び込み、顧客にサプライ用品や材木の販売にとどまらない内容を提供することにより、ホームデポは数千億ドル規模のビジネスに手を伸ばすことになった。ナーデリは、ホームデポで商品を購入する数百万人の顧客が、設置その他のサービスの提供を求めていることを正しく予見していた。彼はＤＩＹ（Do It Yourself：何でも自分でやってやろう）族が、Do It for Me（私のためにやってくれ）族に転じつつあることを計算していたのである。

ナーデリの計算によれば、ホームセンター市場は全体で約九〇〇〇億ドルの規模に達する。この合計のうち、設置サービス市場は一〇〇〇億ドル以上に、原材料市場にも参入していれば三〇〇〇億ドルを超えるとナーデリは試算している。現在のホームデポは、屋根からバスルーム、家庭用セキュリティシステムまで、あらゆるものの設置サービスを提供している。テラスや物置の工事も請け負うし、窓の交換もやる。壊れた家具の修理や害虫駆除もお手のものだ。

サービス事業への参入を通じて、顧客の年齢構成の上昇に伴い、DIY作業に代わり「自分のためにやってくれる」サービスを望む顧客が生まれつつある状況を利用できるようになった。［中略］現在、一営業日当たり一万件以上の案件を処理しており、この事業は二桁ペースで成長していくものと期待している。

サービス事業の追求においても、ナーデリはウェルチが書いたシナリオのなかからさらに一ページ借用している。一九九〇年代半ば、ウェルチはGEがまだ開拓していないまったく新しいビジネスが存在することを理解していた。彼はそれをサービスと呼んでおり、それがウェルチにとって二番目の成長イニシアチブとなったのである（最初の成長イニシアチブは、グローバリゼーション）。

他の著名な企業リーダーも、一九九〇年代半ばに、ウェルチと同じような道を選んだ。たとえばIBMの元CEOルー・ガースナーは、サービス（及びソリューション）をビッグブルー（IBM）再建の重要な柱とした。ウェルチは、サービス事業への取り組みによって、「私たちのサービスに関する定義は［中略］もっと大きく大胆なビジョンへと拡大した」としている。五年も経たないうちに、ウェルチは自分のビジョンを、年商一七〇億ドル規模の事業という現実へと変えていったのである。

ホームデポCEOとして二〇〇〇年末に着任したナーデリは、ウェルチが一九八〇年代前半にGEを成長させようと努力するなかで直面したものと同じ障害に出会った。GEは一〇〇年間にわたって、世界でも有数の製造企業であり続けた。GE全体が、電球や冷蔵庫、タービンといった製品をつくることに集中していた。結果としてGEは膨大な顧客を持つことになったが、その市場の多くでは成長が鈍化していた。顧客が毎日（あるいは毎年）新しいタービンや航空機エンジンを必要とするわけではなかったからである。

答えの一つは、GEの顧客がそれまで無料で獲得していたものの一部から料金を徴収することだった。ホームデポでのナーデリは、家屋の修理を望んでいるにもかかわらず、新たな流し台の設置やペンキ塗り、雨樋の取り付けといった作業の方法を知らない顧客が多いことに気づいた。ナーデリがホームセンター業界を「小売業界におけるスイートスポット」と呼んだのは、恐らくこのあたりが理由である。というのも、このように顧客に対して、設置サービスなどのより高額の商品を売りつける機会を持っている小売業界は他にほとんどないからである。

原点は常にE

あいかわらず、ナーデリが企業文化の改革に対して、ひどくあらっぽいやり方で取り組んでいると批判する者は多い。マネジャーのなかには、ナーデリが時折、平日の夜八時に会議を招集することを嫌がる者もいる（土曜の朝七時三〇分の会議に至っては言うまでもない）。CEOがこうした無理を強いることを非難するのが妥当かどうかは何とも言えない。ただし、ナーデリが就任後数年間のうちに、重要な人材を失ったことについては批判も可能だろう。

しかし、これについてもナーデリは、どれほど結果的に厳しいものとなったとしても、自分の決定は正しかったと感じている。ナーデリは、ホームデポの成果主義による昇給は「歯止めが効かなくなっている」と断じ、共同創業者までが「のんびりしている」と評したホームデポを引き締めようとした。

起業家精神は、私も好きだ。ただ、時には、いくらかの素直さも見せる起業家精神であってほしいと思う。

企業が経営不振に陥っている場合、CEOはほぼ確実に、「厳しくやること」と「収拾がつかなくなること」との微妙なバランスをとっていかなければならない。特に就任直後のナーデリのやり方が過酷すぎたとしても、それは彼の情熱ゆえに許されるだろう。第一に、それこそ彼がCEOとして招かれた理由なのである。ナーデリを批判する者も、当時のホームデポが、財務面・管理面での統制を切実に必要としていたことには同意する。ホームデポは、現状をありのままに告げてくれるリーダー、生産性とパフォーマンスを実際的な尺度で判断できるリーダーを必要としていたのである。ホームデポにあまりにも多くの数値基準を課しているとして批判されると、ナーデリはやや苛立ったように、企業を自動車になぞらえて説明する。「では、いろいろな計器を外してしまおう。もうスピードメーターも要らないよね？」

第二に、ナーデリは自ら手本を示している。ナーデリが直属の部下に対して、自分よりもハードに働くことを要求したことは一度もない。土曜の朝の会議は、他の誰にとってよりも、ナーデリ自身にとって大きな負担なのだ。だが、彼はホームデポを再生させるのは、こうした高いレベルでのコミットメントしかないと確信している。

本書で紹介した他の傑出したリーダーと同様、ナーデリも、成功の鍵は結局のところ人材とリソース配分、リーダーシップの質であると理解している。厳しい発言はしているものの、ナーデリは、自分が必要としている人材は、ＧＥを世界で最も価値の高い企業に変えていったのと同じタイプの人間であることを理解している。

我々が探しているのは、ありあまるほどのエネルギーに溢れ、周囲を元気づける能力を持った人材だ。この業界にいると、人を愛するようになる。我々が求めているのは、学び続けたいと望み、個々の説明責任の大切さを理解しつつ、違った角度から物を考える力を持つ人材だ。

優秀な人材を引き留めるため、ナーデリはホームデポの店員（アソシエイツ）に、地域の平均賃金よりも平均一五パーセントも高い給与を払っている。また、成功シェアリングと称するインセンティブ制度も導入した。この制度では、店長が自店の売上高目標その他の重要な数値基準を達成した場合、アソシエイツに対しても賞与を与えている。最近、この制度を通じたアソシエイツへの支給額が一六〇〇万ドルにも達した年があったことを、ナーデリは誇りに感じている。

我々には、パフォーマンスの高い労働者を惹きつけ、モチベーションを与え、引き留めることに関して、本当の情熱とコミットメントがある。

4Eリーダー　チェックリスト

□コアの強化、事業の拡張、市場の拡大

ナーデリは店舗を刷新することでコアの強化を、設置その他のサービスを提供することで事業の拡張を、そして中国などの高成長市場への新規出店によって市場の拡大を図った。中核事業(コア)を強化しつつ、拡張・拡大を進める方法を探ってみよう。

□もっと早く動く

ジャック・ウェルチ、ロバート・ナーデリは、ともに、自社の再生を進めるうえでもっと迅速に動いていればよかったと考えている。ナーデリは、物ごとが起きるスピードを考えると夜も眠れないと言う。もっと大胆な行動を起こすことを考えてみよう。新しいこと、予期せぬことに対する恐れゆえに、新しい試みや新たな市場への参入を躊躇しないようにしよう。

□サービス及びソリューション事業に飛び込む

製造事業その他の中核事業の成長が鈍化している場合、新たな成長戦略としてサービス事業を考えてみよう。あらゆる企業がこの戦略に向いているわけではないが、多種多様な産業で、二桁成長を刺激するうえでサービスやソリューションが役に立つ。

□重要な数値基準を達成したマネジャーに報酬を与える、狙いを絞ったインセンティブ制度をつくる

これは基本的な話に思えるが、多くの企業における賞与制度は、重要な数値基準をどれだけ重視しているかという点で十分なものとはいえない。自分の会社でどのような制度が導入されているか考えてみよう。会社としての売上高・利益目標を達成してもいないのに、マネジャー／従業員が賞与やストックオプションをふんだんにもらえるような制度が

ないだろうか。もしそうなら、そうした制度を引き締め、会社としての数値基準と支給額がより直接的に関連づけられるようにしよう。

第9章

他社が守りに入った時こそ、攻勢に転じろ

──ビベック・ポールの大胆で戦略的な行動

この不況は単なる過渡期にすぎない。
投資を進め、人を配置して、
通常の時期に戻った時に利益を得られる
有利な立場を確保すべきだ。
──ビベック・ポール（ウィプロ・テクノロジーズCEO）

有能なリーダーを生み出す組織のスキルが本当に試されるのは、ドラッカーの言う「天才／スーパーマン」型のCEOを生み出す能力についてではない。むしろ、社内の階層構造全体にわたって、強力なリーダーを安定してシステマティックに養成する能力が問われているのである。シニア・マネジャー級では強力なチームがあっても、控え選手のレベルが劣っていれば、遅かれ早かれトラブルに陥る。特に、それは実行面で顕著である。

このことを誰よりもよく理解していたのがジャック・ウェルチである。GEのオペレーティング・システムは、有能なリーダーを着実に供給していた。ウェルチが好んで口にしていたことだが、GEの最も優秀な製品は、航空機エンジンでも医療機器でもなく、その人材だったのである。ウェルチは、同じ時代の誰と比べても引けを取らないほど、リーダーシップというテーマについてよく考えていた。これは、優れたスキルと改革志向を備えたリーダー集団を生み出すうえで有益だった。

本章で紹介するのは、元GE幹部ではあるが、ウェルチ直属の部下だったことは一度もない人物、ビベック・ポールである。インド出身で、一九九〇年代にGEメディカルのシニア・エグゼクティブを務めていた。ウェルチからは一世代離れており、ウェルチではなく、当時年商八〇億ドル規模のGE医療機器部門を率いていたジェフ・イメルトの部下だった。GE時代の上司であるイメルトと同様、ポールも、GE社内で優勢だった「宗教」、シックスシグマの忠実な信者だった。

ウェルチは、医療機器事業がお気に入りだった。テクノロジーとイノベーションにおけるGEの強さを典型的に示す事業だったからだ。一九八〇年代半ば、「由緒ある家庭用品部門など、社内では聖域視されている部門をどうして売却できるのか」と問われたウェルチは、こんなふうにひねった答え方をしている。「あなたなら、二〇〇〇年になった時に、トースターとCTスキャナーのどっちをつくっていたい?」。この対比においてCTスキャナーを取るという選択は、結果として、先見の明があったことになる。その後ビベック・ポールの貢献もあり、GEは米国におけるCTスキャナー市場において、七〇パーセントという驚異的なシェアを獲得する。

米国の企業関係者でも、ほとんどの人は、ポールの名を聞いたことさえないだろう(もっともこの事情も変わりつつあるかもしれない。二〇〇四年末、タイム誌は「世界で最も影響力のある企業人」に、ジェフ・イメルトと並んでポールの名を挙げたからだ)。しかし、比較的地味な存在であるにもかかわらず、ポールは事実上、GEによるリーダー養成の典型的な例とも言える人物である。グローバル市場向けCTスキャナー部門を率いていたポールは、四層CTスキャンと呼ばれる技術開発でシックスシグマを製品のデザイン領域に応用して画期的な開発を主導した。この四層CTスキャンによってGEは競合他社を一気に追い越し、最も手強い相手に対しても、少なくとも一年は先行することができたのである。

また、ポールはフランス、日本、中国など遠隔の市場においても、CT製品のライン全体にわたって、利益率を向上させ、生産性を向上させた。ポールは最終的に、インドにおけるGEの医療機器関連合弁事業の社長兼CEOも兼任することになった。この事業は、GEの幅広い事業ポートフォリオのなかでも、最もうまく運営されている合弁事業の一つと賞賛されている。

こうした実績を考えれば、イメルトがポールをGEに引き留めるべくあらゆる手を尽くしたことは想像に難くない。しかし、それは不可能だった。インドのコングロマリット、ウィプロの会長を務めるアジム・プレムジがポールに接触し、年商一億五〇〇〇万ドル規模の同社ソフトウェア事業、ウィプロ・テクノロジーズを率いる気はないかと打診したのである。「ニューヨークに超高層ビルをもう一つ増やすのもいいが、インドにまったく新しい物を築くこともできる」とプレムジはポールに言った。ポールのような野心的なエグゼクティブにとって、この挑戦は抵抗できないほど魅力的だった。

現実を直視し、自信を植えつける

ポールはウィプロ着任後、最初の三か月間を顧客や従業員とのミーティングに費やした。彼がウィプロに着任したのはドットコム・ブームの最盛期だったが、それにもかかわらず、同社がいくつか深刻な障害に直面していることがすぐに明らかになった。

同社経営陣の関係者によれば、ウィプロ従業員の気持ちは非常に不安定で、ほとんどの者は「自分がウィプロで働いている理由は、ただ、他で仕事が見つけられるほど自分が優秀ではないからだ」と信じていたという。

この自信の欠如という問題が、ウィプロの足を引っ張っているのは明らかだった。そこでポールは、ウィプロで働くことを誇りに思えるようにする計画を練り上げようと決意したのである。

ウィプロ着任後一〇〇日目を迎え、ポールは従業員に向けて率直な声明を発表した（これによって彼は、ビジネスに関するウェルチの第一法則「組織に現実を直視させる」を守ったことになる）。ポールは従業員に対し、当時のＩＴブームにもかかわらず、ウィプロが現在の道をそのまま歩んでいれば、長期的には競争していけないだろうと述べた。競争していこうと思うなら、変わらなければならないのだ。

組織の精神に自信を植えつける試みの一つとして、ポールは、人目を惹くストレッチ・ゴールを設定し、これを「四×四」と名づけた。ウィプロに関するビジョンとして、二〇〇四年までに年商四〇億ドルを達成する、と発表したのである（出発点が売上高一億五〇〇〇万ドルであったことを思い起こしていただきたい）。最終的には、ウィプロはこの目標を大幅に下回ることになるのだが、この大胆なストレッチ・ゴールは、従業員の自信や会社に対する信頼を育むうえで効果を発揮し、ウィプロは五年以内に売上高を五〇〇パーセントも増やしたのである。「小数点以下の話はウンザリだ」と言い切ったウェルチなら、こうしたポールの大胆な目標設定を承認したことだろう。ウィプロがやったことを簡単に言えば、こうなる。

次々にイニシアチブを追求し、どんどん牽引力を発揮するような成功の壁を築いていく。

誰もが不可能と思うほど高い成長目標を掲げるだけでなく、ポールはいくつかの戦略的な変更を行い、これがウィプロの成功につながった。たとえば、ＩＢＭの経営陣と同様、彼もまた、ウィプロの将来は単発のプロジェクトを一つずつ受注していくのではなく、統合されたエンド・トゥ・エンド・ソリューションを提供していくことにかかっているという結論に達した。ハイテク企業に特に大きな影響を与えた二〇世紀末の世界的な不景気のさなかでさえ、ポールは対象を選別しつつ投資を増大させ、社内に新たな能力を構築しようと試みたのである（本章後半で詳述）。

他社が手控えている時に投資を進めるというのは、直観に反する動きとして注目を集めるが、それは、はるかに大きな戦略のごく一部でしかなかった。事業の再生にあたるなかで、ポールは大胆な戦略的施策を多数進めていった。それが、ウィプロの成功を固め、将来の力強い成長に向けた体制が整えられていったのである。企業再生のエピソードの大半がそうであるように、ポールによるウィプロ改革の真実も、実はその細部にしか見出されないのである。

変革そのものを戦略に

一九九九年以降、ポールはウィプロの副会長となり、同社のグローバル情報テクノロジー部門、製品エンジニアリング部門、ビジネスプロセス・サービス部門のＣＥＯを務めている。だが、バンガロールに本社を置くウィプロのなかでは、これらは比較的新しい事業分野である。実はウィプロの歴史は、エコノミスト誌に言わせれば「臨機応変な多角化が成功した」ことによる「変身のストーリー」だった。一九四五年、植物油メーカーとして誕生したウィプロは、その後テクノロジー企業に転じ、電球やプリンターからスキャナー、コンピュータまで販売するようになった。こうした変化の最も新しい部分は、頭を使う仕事をする存在、つまり、ある業界リーダーの言葉を借りれば「ブレイン・アービトレージ」に従事するようになったという変化である。

ドラッカーであれば、恐らくポールが達成した実績を高く評価するだろう。というのも、将来に向けたウィプロの針路を描くなかで、ポールはドラッカーが数十年前に明らかにした重要な命題を実践しているからである。ナレッジベースの組織についての言説が流行するはるか前から、ドラッカーは（それ以外の多くの予言と並んで）ある重要な関係を指摘しており、その後、その正しさが証明されている。

顧客がビジネスであるのとまったく同じように、知識もビジネスである。ビジネスを成功させるためには、知識はまず、満足と価値という点において、顧客にとって意味のあるものでなければならない。知識そのものは、企業にとっては無価値である（企業に限った話ではないが）。知識が有効となるのは、それが企業の外部で、顧客、市場、またエンドユーザーに対して貢献する場合のみである。

ポールは、知識と顧客のあいだの関係を理解していた。彼は、ウィプロをインド随一のソフトウェアサービス企業として、「グローバルな賃貸バックオフィス」へと変貌させた。彼の最終的な目標は、ウィプロをアクセンチュアやEDS、IBMグローバルコンサルティングといった企業とうまく競争していけるような強力なコンサルタント企業に変えていくことである。

IBMグローバルコンサルティングなどに正面から対抗していくのは、まだ先の話である。とはいえ、株式時価総額が一五〇億ドルを超えるようになった二〇〇五年のウィプロは、多くのグローバルなテクノロジー大手企業と互角に競争している。ウィプロは、ホームデポ、ノキア、デルタ航空、ベストバイといった幅広い企業とのあいだで有利な契約を結んでいる。理由の一端は、市場に対するフレキシブルなアプローチにある。

私たちは、完璧なソリューションを構築しようとは思っていない。手を汚して、自ら変化・適応・成長しつつ取り組んでいく。それだけだ。

サービス部門のCEOとしての役割を引き受けて以来、ポールの担当事業部によってウィプロ全体が得ている営業利益は、年三五パーセント以上のペースで成長している。だが、この驚異的な数字に目をとられると、もっと魅力的な物語が見えにくくなってしまう。

ウィプロに着任して最初の数年は、実は激動の日々だった。二〇〇一年のナスダック市場暴落以降、インフォシスなどの競合他社は退却モードに転じ、費用を切りつめ、企業買収を手控えた。ポール自身も、業界が危険地域に突入していたことを認めている。

ウィプロの競合他社は、テクノロジー・バブルがもたらした後遺症に対処する最善の方法は、その場に座り込んで、動きに加わらず、よりよい時期を待つことだと判断した。ポールとしても、同じことをやって、最も抵抗の少ない道に従うこともできただろう。だが彼は、まさにその正反対を選んだ。彼は、景気のスローダウンを、退却すべき時機とは考えず、攻勢に打って出る絶好機と考えたのである。

> 景気のスローダウンは、文脈のなかで考えなければならない。過去一年半は、バブルの状態だった。成長は非常に早かったが持続不可能だった。〔中略〕私たちは、その後も十分に成長を続けられる。〔中略〕私たちには、健全な価値の方程式があるからだ。世界で最も優れた、幅広いテクノロジーと品質、プロセスを、競争力のあるコストで提供するということである。

成長率や利益率が鈍化するなかで、ポールは販売・マーケティング予算を約五〇パーセントも上積みし、その後二年間かけて、マーケティング・販売担当のスタッフを三倍に増やした。また、アウトソーシング及びコンサルティング分野の企業の買収に約一億五〇〇〇万ドルを投資した。全体として見れば、これは大きなギャンブルだった。何しろ、テクノロジー市場の崩壊が収束するまでにどれくらいかかるかは見当もつかなかったからだ。

ポールは自分が生まれつき楽観主義者であると認めている。これほど大胆なプランを実践しようという決断に際しては、恐らくこうした楽観的な姿勢が決定的な要因となったのだろう。当然ながら、あれほど大胆にビジネスにおける従来の常識の逆を行くには、楽観的でなければならない。これについて、テクノロジー不況が最も深刻だった二〇〇一年半ばに、ポールは次のように語っている。

そこに大きなチャンスがある。この不況は単なる過渡期にすぎない。投資を進め、人を配置して、通常の時期に戻った時に利益を得られる有利な立場を確保すべきだ。［中略］埃が静まるのを待ちたいと思うかもしれないが、その時まで手をこまねいて待っていれば、たぶん流れに乗り遅れてしまうだろう。

長期的に考える

ポールの戦略は、ただちに良好な結果をもたらすような魔法の杖ではなかった。実際、こうした戦略の実施は短期的には重い負担になる。二〇〇〇年にはすばらしい業績を収めたものの（売上高成長率は六三パーセント）、二〇〇一年と二〇〇二年の成長率は二〇パーセント台半ば～後半にまで減速した。営業利益率も約三分の一低下した。こうした指標から見るかぎり、ウィプロの業績は競合他社に比べても見劣りした。

だが、野心的な戦略が実を結ぶには時間がかかる。二〇〇四年には、ウィプロは年商一三億ドル、インド最大のＩＴサービス企業となっていた。その前年の売上高は、またしても六〇パーセントという驚異的な成長を遂げ、株価は一年もしないうちに二倍に膨れあがった。ウィプロは、テクノロジー研究開発のアウトソーシング先としては世界最大の企業となった。これは、エレクトロニクスや自動車など、新たな部門の顧客を獲得するうえでもプラスになった。

ポールは、情報テクノロジービジネスの力学が絶えず変化していることを理解している企業にとっては、大きなチャンスがあると話している。彼は、サービスという点に関しては、ほとんどの米国企業はまだ比較的理解が進んでいないと考えている。ポールの主張によれば、マネジャーも起業家も、価格とサービス品質の問題の解決策を理解しておらず、だからこそこれだけ多くの米国企業がインドへのアウトソーシングを行っているのだという。その実例として、テクノロジー業界の識者であるエリック・ランドクイストは、ポールが九年乗っていたクルマをアメリカの修理工場に出した時のエピソードを紹介している。

割引クーポンを持ち込んだにもかかわらず、修理コストが時間当たり九二ドルもかかると聞いてポールはショックを受けた。後にポールは、「この中古車を修理するより三〇パーセントも安いコストで、まったく新しいクルマを設計するエンジニアを確保できるのに」と述べている。ポールは、変化のペースが加速しており、成功するのは時代の一歩先を走れる者であると考えている。

私たちは、あらゆるものにテクノロジーが含まれるような世界へと移行しつつある。クルマを買えば、必ず非常に多くのエレクトロニクスが搭載されている。ブリーフケースにも情報処理機能が備わるようになる。住宅も同じだ。競争力のあるコストでこうしたエレクトロニクス関係のサービスを提供する能力がなければ、前進はあり得ない。

ウィプロは、それらの変化を心得ている企業である。その画期的なプロセス品質手法は至るところで紹介されており、サービスプロバイダーとしてトップ一〇に数えられ、リーダーにとって最も望ましい企業の一つと言われている。二〇〇〇年には株式を公開し、二〇〇四年にはビジネスウィーク誌が、（スリーエム、アップル、インテル、スターバックス各社のCEOと並んで）ポールを世界で最も優秀なマネジャーの一人に選んだ。また、シリコン・ドットコムが選ぶ二〇〇四年のアジェンダ・セッターにも選ばれた。しかも、かの名門優良企業IBMのCEOよりも一つ上の順位だったのである。

ポールの成功の要因は何だろうか。GEでの経歴や訓練が大きな要因になっていることは明らかだ。ポールは、GE時代の上司から秩序ある思考など多くのことを学んだと話している。ジェフ・イメルトからは、才能を隠し、自分を過大評価しないことを学んだ。GEの正統的なリーダーシップ・モデルにおいては「謙虚さ」が重要な部分を占めており、これは四つのEにも明らかに含まれている。また、ポールはGE時代に、純度の高いパフォーマンス重視の企業文化の構築やストレッチ・ゴールの設定について学んでおり、共通の価値観を軸に組織を構築することの大切さを理解するようにもなった。ポールは、一貫した実行力を発揮し必要に応じて適応できることを示した、有能な4Eリーダーなのである。

どんな道を進んでいても、毎日、周囲を見回して、もっとうまくできる方法はないか、どんな変更・修正を行う必要があるかを自問することはできる。修正する必要がある場合は躊躇せずに決断し、振り返ってはならない。これは、何らかの大きな戦略に照らして、いかに正しい決断をうまく下すかということなのだ。

以上のようなコメントからもうかがえるとおり、ポールには明らかにウェルチ流の紛うことなき痕跡が見られる。一九八一年に初めて株式アナリスト相手に行ったスピーチで、新任CEOだったウェルチは、GEに関する大規模な戦略は何もないと言った。プロシアのカール・フォン・クラウゼビッツ将軍の言葉を引用して、彼は、ほとんどの戦闘計画は、最初の衝突の瞬間に無効になると主張した。その二〇年以上も後に、ポールもほぼ同じ趣旨の発言をしている。

現在、ポールが率いている企業は、世界二四か所に三〇万人以上の従業員を抱えている。ビジネスウィーク誌は、ポールを世界で最も優秀なマネジャーの一人とした記事のなかで、彼の成功は、企業買収による成長戦略ゆえのものだと述べている。だが、彼がウィプロにもたらしたのは企業買収だけではない。そこには熟練した実行も見られる。ウェルチ自身がポールの会社について述べている意見を聞いてみよう。

ウィプロとの取引を開始した初日から、そこには紛れもない品質と個性、最高の誠実さ、最高品質の仕事が見られた。合弁事業をやるうえで、これ以上のパートナーは見つからないだろう。サプライヤーとしても、これ以上質の高いパートナーは見つからないだろう。

年商一億ドルのビジネスを生み出す

ポールが自ら宣言した目標は、ウィプロを強力なテクノロジー企業に変貌させることだった。彼の戦略の核心は、新たなコンピテンシーと新規事業を生み出すことによって、新たなチャンスを活かすことだった。

二〇〇四年までの四年間のうちに、三つの新規事業がウィプロの売上高の三〇パーセントを占めるようになり、ウィプロを急成長の道へと載せたのである。

導入されるテクノロジー基盤が拡大し、それを軸としてサービス需要も増大するなかで、どうやってそれに応えていくか――私たちはその問いに答えてきた。私たちはテクノロジーがボトルネックになるような状況に置かれていたが、世界中のスキルの宝庫を活用する方法を学んだのだ。

ポールが見つけたチャンスの一つは、エンタープライズ（企業向け）・アプリケーションだった。ポールがウィプロに着任した時点では、エンタープライズ事業に関してはインフォシスなどの競合他社のほうが優位に立っていた。二〇〇〇年から二〇〇四年にかけて、ポールは自社のエンタープライズ・アプリケーション事業の強化に力を注いだ。二〇〇〇年の時点で、パッケージ・インプリメンテーション（ＰＩ）は、年商わずか七〇〇万ドルの事業だった。だが、テクノロジー不況が新たなチャンスを生み出した。というのも、これまで高価なソフトウェア・システムを購入していた企業が、テクノロジー投資の効果を最大化するような支援を求めはじめたからである。

米国の一流コンサルティング会社は、一時間当たり一三〇ドルを超える料金をとったが、インド企業は、類似のサービスを半額で提供していた。だからこそ、これだけ多くの企業がインドに助けを求めたのである。一九九九年、ウィプロはエンタープライズ・アプリケーション・サービスを担当する独立した部門を設けた。二〇〇四年までには、この部門は年商一億ドル以上の規模に成長し、成長減速の気配は見えなかった。

過去数年のあいだに何が起きたか――ITを発端とし、いまやエンジニアリングにまで拡大している現象は、世界中の潜在的な能力を解き放つ能力が増大したということだ。いまや、世界中の能力が解放されている。

もう一つ、ポールが狙いを定めた分野はインフラストラクチャー・マネジメントである。この事業は二〇〇四年まで、年五〇パーセント以上のペースで成長している。二〇〇〇年の時点ではウィプロは国内限定でこの事業を行っていたが、ポールはGE流の台本から別の一ページを借用し、二〇〇一年にはこの事業のグローバリゼーションに踏み切った。ウィプロは二〇〇四年までに、ベストバイやリーマンブラザーズといった企業を含む三ダース以上もの大企業と契約している。

しかし、何よりも局面を変える大きな一手となったのは、ビジネスプロセス・アウトソーシング（BPO）だった。二〇〇二年夏、ウィプロはアウトソーシング企業のスペクトラマインド社を一億ドルで買収した。これについては、すぐさま批判が沸き起こった。その大半はウィプロが投じた買収金額は高すぎるというものだった。

だが、ポールは自分の主張を曲げなかった。「私たちは投資した以上の利益を回収する」と、彼は反駁した。「どんな投資を行う場合でも、それが基準だからね」。その後、この買収を批判した人々も、この買収が賢明な戦略的行動だったことを認めざるをえなくなった。買収からわずか二年後の二〇〇四年、一億ドルの買収は、その七倍もの価値をウィプロにもたらしたのである。

国外から大口のアウトソーシング契約をとる能力という点で一つの鍵となっているのは、国外のシニアマネジメント・チームを現地化する能力である。これによってウィプロは、彼らをそのまま活用できるようになっている。過去の指揮統制型の組織であれば、これを達成するのは非常に困難だったはずだ。

地理的な国境の克服については成功しているとはいえ、ポールはウィプロとしてやるべきことはまだたくさんあると考えている。４Ｅリーダーとしてのポールは、現実を直視することの大切さを理解している。また、ポールが、自分に対するメディアの評価を信じていないことも、次のような発言から明らかである。

私は、ウィプロはグローバルな企業であると考えています。しかし、それが現実というよりは野心に近いものだということもわかっています。現時点でのウィプロは、インドの企業が世界のあらゆる地域から顧客を獲得しているというだけです。先走りはしたくないのですが、私たちがグローバルな企業にならなければいけないことは明らかです。しかし、現実にはまだそこまで到達していません。

4Eリーダー　チェックリスト

□定期的に価値を生み出す方程式を見直す

健全な価値を生み出す方程式（つまり高品質で価格競争力のある製品・ソリューション）を持っている企業は、そうでない企業に比べて、景気の低迷にもうまく対応できるし、市場状況が改善されれば、健全な成長を実現できる可能性がはるかに大きくなる。自社の提供内容（及び競合他社の提供内容）を少なくとも年一回は見直して、自社の価値を生み出す方程式がすばらしいものであり続けるように気を配ろう。そのために必要であれば、製品・ソリューションの選別や強化を進めよう。

□高成長市場で戦略的な買収を行う

ウェルチが好んで言っていたように、「ビジネスは、ロケット工学のように難解高度なものではない」。自社のコア・コンピテンシー強化につながり、成長市場における市場シェアをもたらすような潜在能力を持った企業を買収しよう。ウィプロのスペクトラマインド買収に対しては厳しい結果が予想されていたにもかかわらず、わずか数年後には、同社はウィプロにとって大事な成長エンジンになっていたのである。

□知識を、顧客の行動基盤となるような情報に転換していく

ドラッカーは、知識を顧客と同等のものであると考えるだけでなく（知識はビジネスである）、次のようにも言っている。「物理的な財やサービスは、顧客の購買力と企業の知識を交換するための媒介手段にすぎない」

監訳者あとがき

本書は、優秀な経営者を輩出し続けているゼネラル・エレクトリック（GE）社で、リーダーに求められる四つの要件をまとめた本である。四つの要件とは、Energy、Energize、Edge、Executeであり、GEではその頭文字をとって4Eと呼ばれている。詳しくは本文を参照いただきたいが、優秀なリーダーとは、組織を引っ張るエネルギーを持ち、組織が向かうべき方向性を示して周りを元気にし、自分自身の強みを活かして、具体的な成果をもたらす行動力を持っている人というのが、本書のメッセージだ。

GEでは、この4Eを身につけ、実践することがリーダーの要件になるのだが、この要件は先天的に備わっていたり、自然に習得されたりするものとは考えられていない。むしろ、4Eを身につけた人材は、組織全体として育てるものであり、経営者の最大の務めは、4Eを実践するリーダーを育てることだと考えられている。

GEではリーダーの育成にあたって4Eというリーダーの要件とともに、「リーダーシップパイプライン」という考え方に基づいて、絶え間なくリーダーを育てること、リーダーを育てる仕組みを根づかせることに取り組んでいる。リーダーシップパイプラインとは、会社の将来を担う人材をパイプラインに燃料が流れるがごとく絶え間なく育てる仕組みを整えることである。この考え方の特徴は、パイプラインの節目に注目すること。つまり、リーダーは直線的に育っていくものではなく、担当者から現場リーダー、ライン長、部門長、事業部長、統括役員、経営トップへと役割の変化に伴って、いままで培ってきた能力や職務意識をリセットしなければならない変化点があることを、リーダー育成の取り組みのなかで強調している。

将来の会社の発展・成長を支えるリーダーを絶え間なく育てるには、パイプラインの継ぎ目で人材の目詰まりが起きることを防がなくてはならない。そのために、組織全体として、それぞれの期待役割を明確にするとともに、その役割を全うできる人材を育成し続けることが大切になる。

GEの前会長兼CEO、ジャック・ウェルチ氏は、経営について「われわれが経営しているのは優秀なリーダーを育て上げるための人材工場なのだ」と自著『わが経営』でも語っている。ウェルチ氏自身、現役時代は毎年米国のクロトンビル研修所で自らが教壇に立って、直接リーダーたちに薫陶を授けることに心血を注いでいた。

ウェルチ氏が訴える企業経営の要諦は、まず組織のリーダーが4Eという価値観や企業として目指している方向性を、イニシアチブ（全社レベルの重点施策）を通じて共有すること、そのうえで具体的な成果をあげるリーダーを育て続けること、リーダーを育てる仕組みを根づかせることなのである。

昨今、日本では「二〇〇七年問題」に目が向けられている。二〇〇七年問題とは、現在、企業の経営層・ミドル層・専門技術者の中核を占めている団塊の世代（一九四七～四九年生まれ）が、二〇〇七年から定年退職を迎え始めることによる人材不足の問題である。国立社会保障・人口問題研究所の試算では、二〇〇七年から二〇一〇年の三年間の間に、約六七〇万人が定年退職することになる。これは、日本の就業人口の約一割に達する。これだけ大量の人材が近い将来の二〇〇七年からの三年間の間に現役を退くことに、日本企業は危機感を持っている。

それでは、団塊の世代が抜けた後を引き継ぐ人材の備えは十分なのだろうか？　実は、日本企業は、一九九〇年代の経済停滞期に、人材育成のための投資をかなり減らしている。経済産業省の試算では、一九八八年に約六〇〇〇億円だった人材育成のための投資が二〇〇二年には約五〇〇〇億円まで、二割、約一〇〇〇億円減っている。これに危機感を持った経済産業省が、日本の産業・企業の競争力強化を目指した「新産業創造戦略」のなかで、最重点課題のひとつとして、「産業人材の強化」を挙げているくらいなのだ。

4Eに代表されるGEのリーダー育成の考え方から、日本企業の経営者やリーダーたちは何を学ぶことができるのか？　まずは、企業の成り立ちや文化なども踏まえて、自社のリーダーが共有して実践すべき価値観を明らかにすることの大切さだ。リーダーには人を惹きつけ尊敬を受けるだけの高い志、資質が欠かせない。本書は、会社としてどんな志をもって組織を引っ張ってほしいのかをリーダーたちに共有してもらうことの大切さを繰り返し訴えている。

もうひとつの示唆は、企業をウェルチが呼んでいる「人材工場」にする取り組みを始めることではないか。二〇〇七年まであと二年しか時間は残されていない。一日も早く将来を支えてくれるリーダー、経営者を育て続ける仕組みを整えて実際に育成を始めなければ、団塊の世代がマネジメントの第一線から退いた後に、リーダー人材の不足に悩まされるおそれがある。

私たち、ジェネックスパートナーズは、具体的な成果をあげて企業の発展・成長を支えるリーダーを組織全体で継続して育てる取り組みを「マネジメントチームづくり」という概念として捉え、日本企業のマネジメントチームづくりを支援している。その方法論は、本書の舞台であるＧＥが現場の業務改善活動を通じてリーダーを育てるイニシアチブとして展開しているシックスシグマをベースにしている。二〇〇七年問題を目前にして、自社の将来を託すリーダーの育成に地道に取り組んでいる日本企業の経営者、リーダーの方々が、本書を通じてリーダー育成の要諦について、ひとつでも多くのヒントを得て、実践されることを心から願っている。

最後に、本書を監訳するにあたり、翻訳者の沢崎冬日さん、ダイヤモンド社の久我茂さんには多大な貢献、協力をいただき、こうして本書を日本に紹介することができたことに、心から感謝している。

二〇〇五年　秋

株式会社ジェネックスパートナーズ取締役　永禮弘之

解説

ここではジャック・ウェルチ氏が提唱した〈4E〉への理解を深めていただくために、本文中に登場する専門用語やマネジメントの基礎知識について補足説明したい。

組織におけるリーダー像を表現するための4Eをはじめとするキーワードには、聞き慣れないものや、そのままでは意味が理解できないものが含まれていて、一般の方々にとってはGE独特の用語と受け取れるものが多い。たとえば〈Edge〉というワードは、概念として非常にわかりにくい。直訳的には「ぎりぎり」とか「崖っぷち」といったイメージをお持ちになるかもしれないが、そうではなく「シャープな切れ味」の意味である。また4Eそれぞれには順番や優先順位があるわけではなく、リーダーはすべてを兼ね備えることを求められる。

このように解説していくと、実はビジネスパーソンにとって当たり前とも言える行動様式や職業意識に映るものが大半であることにお気づきになるであろう。

イニチアチブの変遷

図1にウェルチ氏がCEOに就任して以来、現CEOのジェフ・イメルト氏に引き継がれているイニシアチブと呼ばれる重点施策を時系列的に示した。

各イニチアチブの詳しい内容については本文中にも紹介されているが、図1が示すとおり、それら

図1：企業文化の改革

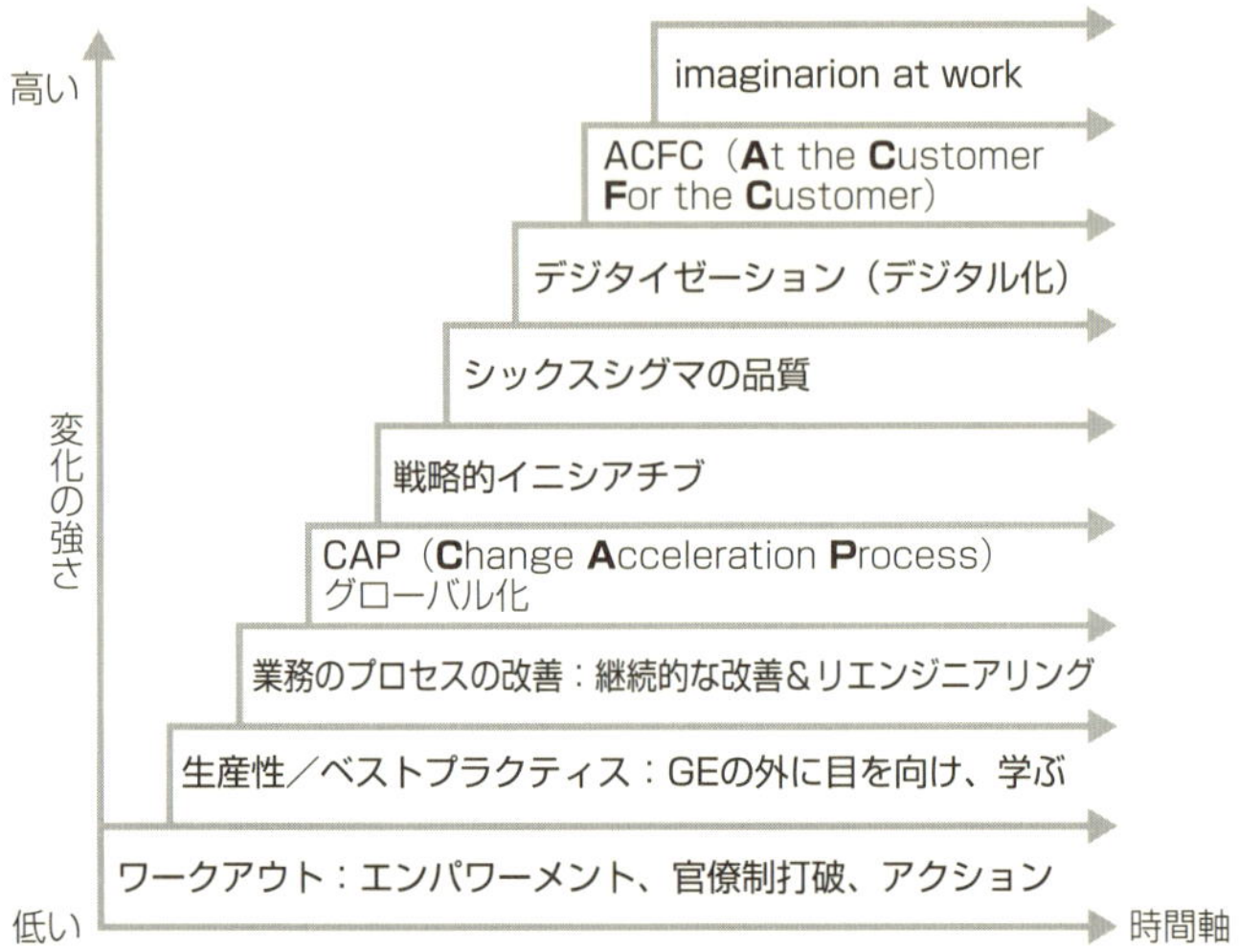

は決して一過性のお題目ではなく、企業風土のなかに段階的に蓄積され、高度に統合されてきた。リーダーシップを発揮するためには、すべてを自分自身が血肉とし、情熱を持って率先垂範しなくてはならない。つまり、優れたビジネスリーダーとして体現すべき行動様式だと言っても過言ではないだろう。そして、これらのイニチアチブを縦横無尽に活用し、事業実績に反映してこそ、マネジャーの免許皆伝となるのである。

イニチアチブは個々の社員が独学によって知識・スキルを習得し実現されるのではなく、その実践に必要な体系的かつ効果的なプログラムが用意されている。GEでは、クロトンビルにある経営研究所（ウェルチ氏の偉業を称え、ジャック・ウェルチ経営研究所と呼ばれる）を総本山とした社内能力開発システムによって、社員をAプレーヤーに育て上げるための研修をはじめとしたさま

図2：年間マネジメント計画

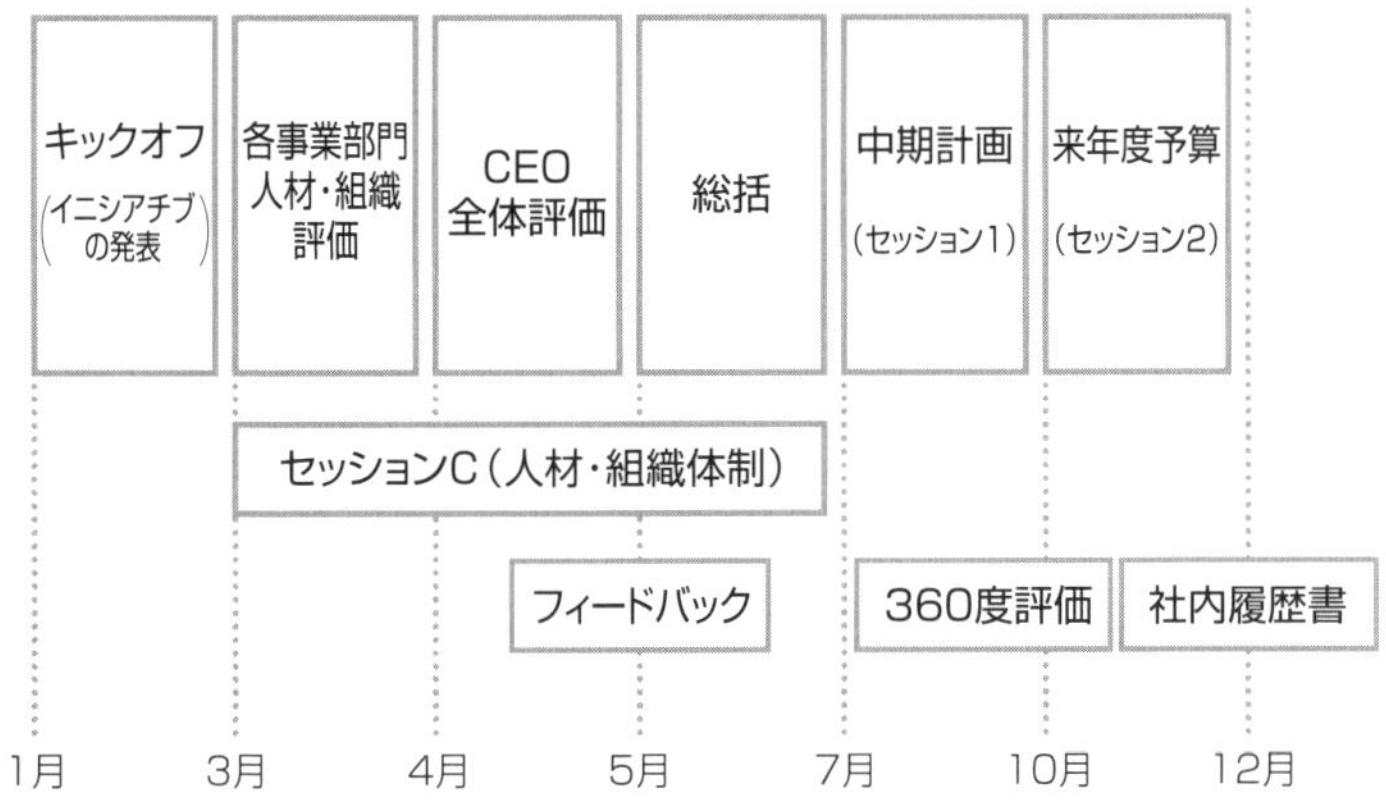

ざまなプログラムが開発され続け、実施適用されている。

オペレーティング・システム（年間マネジメント計画）

図2に示したオペレーティング・システムは、リーダーにとっての年間行動スケジュールである。GEのどの事業部門においても、年初であり年度初めでもある一月にボカ・ラトンで行われる六〇〇人あまりの全シニア・マネジャーを集めたキックオフ・ミーティングを起点に事業の運営計画が組み立てられている。

時間の流れに沿って説明すると、キックオフの年度方針が事業部門ごとにブレークダウンされ、各部門に属するマネジャーと社員の活動実行計画とのすり合わせを行うことが〈セッションC〉と呼ばれる目標管理制度である。それと同時に前年度の業績評価が行われ、個人の昇進昇格の通達までを含む〈フィードバック〉が行われる。事業のステージとしては、夏頃を境に事業計画策定に切り替わり、セッション1と呼ばれる中期計画、その後セッション2と呼ばれる来年度予算策定へと進む。人事評価では〈三六〇度評価〉の実施によって、リーダー自身の自己認識には欠かせない周囲からの情報をギフトとして受け取る。そして年間の総括を〈社内履歴書〉に記録し、改めて来期の自らの目標設定を行うことになる。

この目標設定ならびにリーダーシップ評価の軸になるのが、コーポレート・バリューとしての〈GEバリューズ〉と本書の主題である4Eなのである。

リーダーをめざすためには、ストレッチ・ゴールを一気に飛び越えることも大切だが、常に長期的な成長の歩みを止めないよう地道に能力を伸ばし続けることも求められる。かつて、ウェルチ氏が現役CEOであった時の言葉に「人の能力には、どんなに搾ってもジュースの得られるレモンのような可能性が秘められている」という表現がある。彼にとってマネジメントの仕組みは、さながらレモン搾り器に相当するのかもしれない。

リーダーの評価

リーダーの評価は、いたってシンプルな四つのブロックに分けられる（図3）。分類の縦軸は企業文化、つまりGEバリューズと4Eへの共感の度合いで表し、横軸は与えられた目標に対する成果達

図3：リーダーの評価

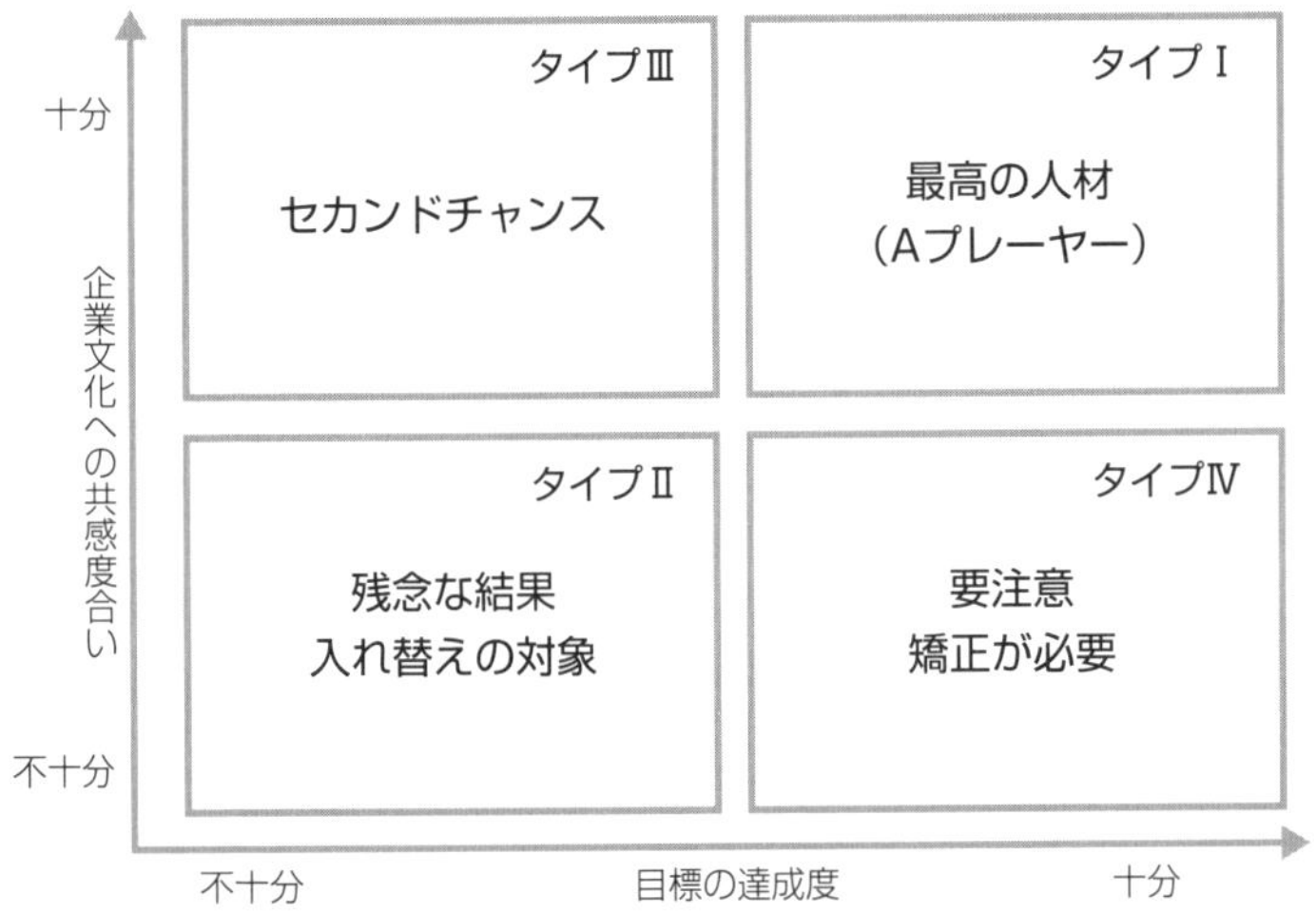

成の度合いを表す。

企業価値観を十分に共有し、数字の目標も達成している社員は、本文中でもめざすべきビジネスリーダー像として紹介されているAプレーヤー（タイプⅠ）であり、昇進昇格を前提とした将来が約束される。これに対し、いずれの評価も不十分な結果に終わった社員（タイプⅡ）には、少なくとも社内には行き先が用意されていない。不幸にもこのブロックに分類された社員に対して、しっかりとした道筋を示すこともリーダーに求められる責任のひとつである。この二つのブロックに対する評価と処遇は、非常に明快であり、理解もしやすいであろう。

残る二つのブロックに対する評価については、読者の皆さまにとって直観的には理解しにくい点があるかもしれない。まず、価値観を十分に共有できているにもかかわらず数字としての結果が出せなかった場合（タイプⅢ）は、通常は所属部署や役割を変えて、再度挑戦するチャンスを与えられる。そこでパフォーマンスを発揮できれば、めでたく登用という道が拓けてくる。一方、環境を変えてもやはり結果が出せない場合は、本人の能力不足を問われてしまう。四つのブロックのうち、最もやっかいな対象者が、結果が出せても価値観を共有できないケース（タイプⅣ）だ。このような人材に対して指導する立場の人間は、まず価値観の矯正を試みることになる。この場合でも、指導する立場の上位者は、ねばり強く同化を促すことになる。それでも本人に価値観を共有しようという積極的な意志が見られない場合には、やはり社内でリーダーへの道は残されていない状況となる。

人事評価シートの評価欄には、リーダーシップの発揮度合いが五段階で選択できるようになっており、自己評価とマネジャー評価が並んで書きこまれるようになっている。お互いの評価内容に大きな隔たりが生じたときには、セッションCのなかで納得のいくまですり合わせが行われ、最終的に合意された評価内容にサインしあうことで終了となる。当然、マネジャーには部下の育成と評価説明責任が伴っており、これができない場合、容赦のない三六〇度評価の洗礼が待ち受けている。だからといって、ぎすぎすとした一触即発の緊張関係になってしまうリーダーは、それこそ失格の烙印を押される。たとえ部下と一時的にぎくしゃくした関係になったとしても、最終的にはいい意味の緊張状態を保てるようにできてこそ、リーダーとしての成長を遂げたことになる。もちろんそこには、コーチングといった基本的なコミュニケーションスキルの発揮はいうまでもなく、ネゴシエーション（交渉術）

やノンバーバル（言葉を用いない表現）といった暗黙的な行動実践まで含まれる。リーダーを育成する責任のあるマネジャーにとって、この評価の徹底がなされないことは、最終的には自部門の業績にマイナスの影響を与え、自らの首を絞めかねない。反対に、多少の無理（ストレッチ）をしてもAプレーヤー育成に腐心するマネジャーにとっては業績向上の好循環を生み出すことを促進する仕掛けになっている。このきわめてシンプルな仕掛けが評価フォーマットのベースとして共有されているからこそ、リーダーの評価にブレや妥協がない。

イニシアチブの説明でも述べたとおり、ここで具現化される評価のメリハリといったものが、実行へのモチベーションを駆り立てていることは疑う余地がない。それを全員が理解し、実行している組織だからこそGEは他に比類のないマネジメントの力強さを体現しているのである。

ウェルチの遺伝子

ジャック・ウェルチ氏という稀代の経営者から、私たち日本のビジネスパーソン、そして日本企業が学ばなければならないことは何か。それは4Eというきわめてシンプルな発想に共通する「向上心」ではないだろうか。これはなにもGEに限った話ではないだろう。松下幸之助氏しかり、本田宗一郎氏しかり、井深大氏しかり、日本企業を発展させてきた名経営者たちは皆、「人材」に言及する。しかし、日本的経営と呼ばれる概念が曖昧になりつつある現在、私たちは従来のリーダー像を考え直さなくてはならない。それは高度経済成長のような勢いに任せた自然発生的な人材ではなく、しっかりと選別され計画的に育てられた人材に立脚するはずだ。たとえ企業業績が上向いたとしても、社員がボロボロに疲弊していたのでは、組織存続は危ういものになってしまう。その責任が、ひとえに経営者にあることは明白である。

だからこそウェルチ氏は、巨大組織を急速回転させ続けるために、優秀なリーダーの必要性を唱え続け、社内で大量生産できる仕組みを研究してきたのだ。イニシアチブはリーダーを鍛える道具として、４Ｅはリーダーシップの遺伝子として、実用的な進化を遂げてきた。これらはきっとさらなる進化を遂げていくであろう。本書をお読みいただいた読者の皆さまは、ウェルチ氏から受け継いだリーダーシップの遺伝子とご自身の持つ経営の遺伝子と掛け合わせて、より日本的に、有効な形態へと進化させることができると信じている。

株式会社ジェネックスパートナーズ　代表パートナー　眞木 和俊

【参考文献】

『ジャック・ウェルチ　わが経営（上）（下）』ジャック・ウェルチ＋ジョン・Ａ・バーン著、宮本喜一訳（日本経済新聞社）

［著者略歴］

ジェフリー・A・クレイムズ（Jeffrey A. Krames）

ジャック・ウェルチに最も詳しいエキスパートと定評がある。ニューヨークタイムス、ウォールストリートジャーナルなど多くの主要新聞にも記事、インタビューなどを掲載。著書の*The Welch Way*は、米国で5万部、世界各国で計17万部の実績がある。

［監訳者略歴］

ジェネックスパートナーズ

お客様とともに考え、ともに行動するパートナーとしての視点から「成果を実現する戦略実行マネジメントの支援」および「人材を競争力の源泉にするためのリーダーシップパイプラインの導入」を行うプロフェッショナルファーム。国内外を問わず幅広い企業、公共団体に対して、数多くの企業変革、人材育成の実績を持つ。
URL：http://www.genexpartners.com　e-mail：info@genexpartners.com

［訳者略歴］

沢崎冬日（さわさき・ふゆひ）

株式会社エァクレーレンにて翻訳に従事。東京大学文学部卒業。経済、経営、国際政治などの分野を中心に活動している。主な翻訳書にロバート・J・シラー著『根拠なき熱狂』、フレデリック・F・ライクヘルド著『ロイヤルティ戦略論』、デービット・A・ガービン著『アクションラーニング』、ドン・コーエン／ローレンス・プルサック著『人と人の「つながり」に投資する企業』、セス・ゴーディン著『オマケつき！マーケティング』（ともにダイヤモンド社）他多数。

ジャック・ウェルチ　リーダーシップ4つの条件
——GEを最強企業に導いた人材輩出の秘密

2005年11月10日　第1刷発行

著　者——ジェフリー・A・クレイムズ
監訳者——ジェネックスパートナーズ
訳　者——沢崎冬日
発行所——ダイヤモンド社
〒150-8409　東京都渋谷区神宮前6-12-17
http://www.diamond.co.jp/
電話／03·5778·7232（編集）　03·5778·7240（販売）

装丁————藤崎　登
製作進行——ダイヤモンド・グラフィック社
印刷————加藤文明社
製本————本間製本
編集担当——久我　茂

ISBN 4-478-36087-1